과학철학이란 무엇인가

과학철학이란 무엇인가

박이문

사이언스북스
SCIENCE BOOKS

머리말

제2차대전 이후 영미철학의 논리실증주의와 분석철학의 철학적 동태는 현상학과 실존주의 철학이 절대적 영향을 미치고 있던 유럽 철학과 재미있는 대조를 이룬다. 논리실증주의의 새로운 철학 사조의 영향을 받고 분석철학의 전통이 급속히 쌓여지고 있던 40년대의 영미 철학계에는 〈과학철학〉이라는 새로운 분야가 형성됐다. 그리고 그것은 50년대와 60년대에 걸쳐 전성기를 누렸다. 과학철학에 대해 어느 정도의 언급을 할 수 없다면 철학자로서 제대로 행세할 수 없을 만큼의 상황인 때도 있었다. 아무튼 과학철학의 전성기는 과학철학에 놀라운 선풍을 일으킨 토마스 쿤의 『과학혁명의 구조』라는 책이 나온 1962년 후에도 계속됐고, 70년대 초까지만 해도 철학적 관심과 논쟁의 가장 중심자리를 차지했다.

그러나 그 이유를 어떻게 설명할 수 있든 간에 70년대 후반부터 미국 철학의 풍토는 놀랍게 급변했다. 그전까지만 해도 심각하다고 자처하던 철학자들의 거의 관심 밖에 버려져 있던 윤리학적 문제가 과학철학을 대신하여 철학적 관심과 논쟁의 중심자리를 차지하게 됐다. 이러한 진단은 현재에도 적용된다. 윤리 문제에 직접 간접으로 관계된 책들이 홍수처럼 쏟아져 나온다. 이와 더불어 과학철학에 대한 관심은 급격히 시들해졌다.

과학철학이 전성기를 이룬 이유는 당시 과학과 과학 기술이 하이데거같은 철학자를 제외하고는 일반적으로 낙관적 신뢰감을 누릴 수 있었기 때문인 것같다. 윤리학이 과학철학을 대신하여 중요한 철학적 주제로 갑자기 바뀐 원인이 과학에 대한 신뢰를 잃었기 때문으로 볼 수 있다. 그러나 그러한 신뢰감의 상실은 지식으로서나 기술로서의 과학 기능에 대한 회의를 의미하는 것은 아니다. 그것은 과학, 특히 과학 기술이 직접 혹은 간접적으로 제기하는 다급하고 중요한 윤리적 문제를 의식하기 때문이다.

그것에 부정적 혹은 긍정적 반응을 하든 간에 과학과 과학 기술의 중요성은 부정할 수 없다. 오늘날 과학을 떠나 살 수 있는 이는 아무도 없다. 문명 사회에 사는 이는 물론 원시인들도 마찬가지다. 그들도 간접적으로 과학이 미치는 영향에서 빠질 수 없다. 세계 어느 곳에서나 과학과 과학 기술의 결정적 중요성을 외치는 구호가 날이 갈수록 커지는 것은 우연이 아니다. 적어도 인류의 복지를 위해서 아니 인류의 생존을 위해서도 과학은 결정적으로 중요한 의미를 갖는다. 그렇다면 우리는 과학을 알아야 한다. 과학자나 과학 기술자가 아니더라도 우리는 적어도 그것의 철학적 의미에 대해 최소한의 반성과 이해를 갖출 필요가 있어야 하지 않겠는가?

70년대 초반 당시의 철학적 유행을 따라 필자는 미국 대학에서 과학철학을 수년 동안 강의한 경험이 있다. 이 강의를 준비하면서 과학철학만이 아니라 철학을 공부하는 데에 결정적 도움을 받았다. 만일 과학철학을 강의하지 않았던들 오늘날 나의 얕고 좁은 철학 세계는 더욱 보잘것없는 것이었을 것이다.

필자가 과학철학을 한 독립된 강좌로서 강의해 본 지 이미 20년 가까이 됐다. 얼마 전 고국에 돌아온 후 그 동안 과학에 대한 철학적 문제를 설명해 달라는 요청을 몇 군데서 받았다. 오래 전에 했던 과학철학 강의의 내용을 회상하면서 그때의 경험을 밑천으로 과학의 중요한 철학적 문제를 새삼 정리하는 셈으로 그 요청에 응하곤 했다.

과학이 제기하는 철학적 문제는 여기서 언급한 것들 외에도 허다하다. 그리고 전문가들을 위해서는 보다 정확하고 심도있는 전문적 차원에서의 논의가 필요하다. 기회가 마련되고 능력이 준비가 되는 대로 그런 문제를 보다 전문적으로 다루어 보고 싶다. 그러나 여기에 모은 글들은 가장 간략한 방법으로 가장 간략하게 문제를 축소하여 가장 쉽게 과학의 철학적 문제가 무엇인가를 일반 독자를 위해 정리해 봤다. 이 책에 모은 글들이 일반 독자에게 과학에 대한 철학적 이해를 조금이라도 도와줄 수 있다면 필자는 더 이상의 만족을 바랄 수 없다.

니체 철학을 전공하는 박홍기 조교의 정성어린 교정이 없었던들 이 정도로 읽을 수 있는 책이 되지 못했을 것이다. 이 자리를 빌어 박군에게 사의를 표한다.

이곳에 온 지 2년 동안 공부하기에 만족스러운 분위기가 없었던들 이 글들은 쓰지 못했을 것이다. 이런 여건을 갖춘 포항공대에 있게 된 것을 고맙게 생각한다.

1993년 7월
포항공대 연구실에서 朴異汝

■ 차례

제 1 부 과학철학의 핵심문제

1 과학철학

〈과학철학〉이란 말과 더불어 〈과학적 철학〉이란 표현이
있다. 이 두 개념들과 똑같은 논리적 관계를 갖는 두 개념
들을 나타내는 〈언어철학〉이란 말과 〈언어적 철학〉이란 말
이 있다. 그러나 이 두 경우 각기 혼동스러운 두 개의 유사
한 낱말들은 확실히 구별되어야 한다. 과학철학과 언어철학
이 분야를 지칭하는 개념으로서 각기 과학을 대상으로 한
철학과 언어를 대상으로 한 철학을 뜻하는 데 반해서 과학
적 철학과 언어적 철학은 방법에 대한 개념으로서 각기 과
학적 방법에 의한 철학과 언어적 방법에 의한 철학을 의미
한다. 언어적 철학 방법이란 말이 된다. 철학이 어떤 신념
들에 관한 지적 추구인 이상, 어떤 신념이건 지각의 대상이
아니라 이해의 대상인 이상, 그리고 그것이 언어를 떠나서는
표현되지도 못하고 존재할 수조차 없는 이상, 철학은 언어를
검토함으로써만 가능하다. 그래서 언어적 방법에 의한 철학
이 가능할 뿐더러 어떻게 보면 철학적 방법은 반드시 언어

적 방법으로써만 가능하다 할 수 있다.

　이와는 반대로 과학적 방법에 의한 철학이란 개념은 성립될 수 없다. 흔히 객관적으로 입증할 수 없는 철학적 담론을 시정하려는 뜻에서 철학에도 과학적 방법을 적용하자는 것인데, 이러한 발상은 과학적 지식의 객관성을 전혀 잘못 이해한 데서 생긴다. 철학적 문제가 과학적으로 해결될 수 있다면 그것은 이미 철학적 문제가 될 수 없으며, 과학적 문제로 변신한다. 과학적 방법으로 접근하거나 해결할 수 없는 문제가 있기에 〈철학〉이란 독자적 학문의 영역이 존재한다.

　모든 학문은 각기 그 대상, 즉 분야의 성격에 따라서 서로 구별된다. 그러나 철학만은 유일하게 그 학문의 대상에 의해서가 아니라 그 대상을 대하는 차원에 의해서만 성립한다. 철학은 모든 대상을 자신의 인식 대상으로 삼을 수 있다. 그래서 과학철학, 종교철학, 예술철학, 역사철학, 정치철학, 법철학, 사회철학, 수학철학 하다 못해 섹스철학 등등 무수한 철학이 있을 수 있다. 그럼에도 불구하고 다른 학문적 혹은 실천적 분야와 구별하여 어떤 지적 활동과 담론을 철학이라 구별하는 근거는 그 담론이 어떤 현상을 직접 자신의 담론의 대상을 삼지 않고 이미 성립된 학문이나 이미 갖고 있는 여러 가지 신념들에 초점을 둔다는 데 있다. 그러므로 철학은 〈반성적〉 혹은 〈비판적〉 즉 〈메타 지식 meta - knowledge〉 혹은 상위적 지식으로 서술될 수 있다. 철학이 의도하는 것은 어떤 특정한 현상을 발견하려는 작업이기보다는 여러 현상들에 관한 우리들의 담론을 통해서만 나타나는 생각들을 가장 세밀하고 엄밀하게 그리고 체계적으로 이해하려는 데 있다. 이런 점에서 철학을 관념의 미시물리학이라고도 정의할 수 있다.

과학철학은 이미 존재하는 과학적 담론, 이론, 방법에 대한 반성적 작업이 될 것이다. 즉 〈과학이란 무엇인가〉를 보다 일관성있고 체계있게 명석히 파악하자는 것이다. 이와 같은 철학적 작업을 통해서 과학은 보다 심층적으로 그 모습이 드러난다.

이러한 과학철학은 대체로 두 가지 다른 측면에서 이루어질 수 있다. 그 중 하나는 개념적 문제이며, 나머지 하나는 과학이 비과학적 의미와 관여되는 측면이다. 전자의 경우 철학적 문제는 개념의 명석한 해명에 있고, 후자의 경우 철학적 문제는 과학적 지식과 결과가 과학 이외의 지식이나 현상과 어떠한 관계를 맺고 있는가를 알아보는 작업이다.

과학은 일종의 신념 체계, 즉 지식으로서 다른 종류의 지식과 구별된다. 오늘날 대체로 과학지식은 다른 지식보다 더 객관성을 갖고 있음이 의심되지 않고 있다. 그렇다면 과학적 지식이 다른 지식과 구별되는 근거는 무엇인가? 과학적 지식의 특수성이 그것을 정립하는 방법에 있다면 과학적 방법이란 무엇이며, 그 특수성은 절대적인가? 과학 고유의 방법이 있다면 그것은 자연과학에서와 똑같이 사회·인문과학에도 적용될 수 있는 것인가? 과학적 지식 탐구 과정에 언제나 전제된 〈인과법칙〉, 〈증명〉, 〈실험〉, 관찰할 수도 없는 어떤 사물 현상을 지칭하는 〈힘〉, 〈쿼크〉, 〈중력〉, 〈물체〉, 〈실체〉 등등은 도대체 무엇을 의미하며 과학에서 뺄 수 없는 〈관측〉, 〈귀납적 논리〉, 〈과학법칙〉, 〈과학이론〉, 〈과학적 합리성〉 등등의 말들은 정확히 무엇을 뜻하는가? 철학적 혹은 역사적 지식과는 달리 과학적 지식이 누적적이라서 시간과 더불어 〈발전〉한다고 믿어져 왔는데, 과연 그 믿음은 사실과 일치하는가?

이런 문제들은 개념 해명의 문제인데 과학철학에서 언제나 우선적인 것이었다. 이런 종류의 문제들에 대한 관심과 해결 방법에 대한 철학적 탐색은 30년대 후반에 시작되어 60년대에 절정에 이르렀고, 오늘날까지도 영미철학의 주류를 지키고 있는 이른바 분석철학의 입장에서 철학을 해온 과학철학자들에 의해 핵심적으로 다루어져 왔다. 그뿐 아니라 과학철학은 논리실증주의자들의 영향으로 얼마 동안 영미 철학의 가장 중요한 관심거리로서 철학적 논쟁을 지배해 왔다. 그럼에도 불구하고 위의 문제들은 가장 대표적인 과학철학자들 간에도 아직 논쟁의 대상으로 남아 있고, 그들에 대한 결정적 대답은 아직도 기다려야 하는 형편이다.

과학철학은 위와 같은 예들에서 본 바와 같이 과학지식을 구축하는 데 사용되는 여러 가지 개념들이나 과학지식의 논리적 구조를 밝히는 작업 외에, 과학지식의 내용을 초월한 문제와 관련해서 의미를 관찰하고 그 결과를 평가하는 문제를 갖고 있다. 과학적 지식의 객관성은 입증되며 그런 지식으로 자연이나 사회 현상도 설명되고, 또한 과학적 기술은 상상도 못할 만큼의 힘과 편리를 인간에게 가져왔음은 자명한 것으로 믿게 되고, 현재도 그렇게 믿고 있다. 그러나 이런 사실을 좀더 추구해 볼 때 과연 과학이, 아니 오로지 과학만이 자연현상에 대한 진짜 정보를 제공해 주었다고 단정할 수 있으며, 과연 과학기술이 인류에게 참다운 혜택을 가져왔다고 확신할 수 있는가의 의문이 제기된다. 이러한 문제는 누가 이의를 제기하더라도, 20세기 서양철학의 거성의 하나였던 하이데거의 의해서 각별히 심도있게 제기되고 반성되었으며, 삼엄하게 비판되었다.

〈진리〉라는 말의 일반적 개념을 〈존재 자체와의 직접 만남〉이라 정의하고, 또 과학의 가장 일차적인 과제는 진리의 발견에 있음을 과학 스스로가 주장한다면, 과학은 진리를 보여주지 못하며 과학기술의 혜택은 긴 안목으로 볼 때 그렇지 못하다는 것이다. 이른바 과학적 지식 즉 과학적 진리는 존재 자체의 구현이기보다는 자연을 조작하여 인간의 욕망을 위해 그것을 이용하려고 만들어낸 하나의 지적 전략이며, 과학기술은 그러한 전략을 실천하는 목적으로 고안된 장치에 지나지 않는다는 것이다. 이러한 과학지식은 진리를 개방하기는커녕 그것을 은폐하고 과학기술이 주는 혜택은 장기적으로 보아서 오히려 부정적이라는 것이다. 과학과 그것이 객관적으로 표상한다는 존재 자체, 즉 실체와의 관계에 대해서는 하이데거가 아니더라도 분석철학자들 사이에서도 아직 맹렬한 논쟁이 계속되고 있는 중이다.

50년대의 이러한 하이데거의 과학에 대한 철학적 사고는 최근까지만 해도 많은 사람들에게는 잠꼬대같이 들렸을 것이다. 그러나 과학적 사고와 과학기술과 떼어서 생각할 수 없는 공해, 자연환경의 오염, 생태계의 파괴에 직면하면서 철학자만 아니라 의식있는 모든 사람들은 과학의 의미를 새삼 함께 심각히 생각하지 않을 수 없게 되었다.

2 과학지식

　온 세계가 과학의 중요성을 날이 갈수록 강조하는가 하면
과학의 엄청난 위험성을 경계하기도 한다. 원시적 사회를
제외하고는 지구상의 모든 사회는 실로 과학 문명의 시대를
맞이하고 있다. 과학을 모르고서는 우리 시대와 우리의 삶
을 이해할 수 없고 그날 그날을 생존해 나갈 수도 없다.
　과학이란 무엇인가. 피상적이나마 과학이라는 말의 의미
를 모르는 사람은 아무도 없다. 과학하면 사람에 따라 뉴턴
이나 아인슈타인을 생각하거나, 수식으로 가득찬 이론들, 신
기한 기계, 복잡한 실험실, 생물학이 보여주는 유전인자의
그림 혹은 고분자 물리학이 설명하는 미립자들의 구조 등을
상기한다. 그러나 여기서 문제는 과학이라는 말의 의미가
너무나 다양한 데 있다. 과학의 중요성이나 위험성을 따지
고 과학 문명의 의미를 파악하고 그런 시대에 적응하려면
먼저 〈과학〉이라는 말의 일관된 의미를 밝혀야 한다. 그렇
다면 과학이란 말은 도대체 무엇을 뜻하는가. 과학이라는

개념은 무엇보다도 먼저 지식을 지칭한다. 과학이 지식 아닌 다른 다양한 것들, 예컨대 일종의 기술 혹은 일종의 공산품 등을 의미할 수도 있다면 그러한 의미는 지식으로서의 과학을 전제한다. 요컨대 과학이라는 말은 무엇보다도 먼저 그리고 근본적으로 과학적 지식을 뜻한다.

그렇다면 과학적 지식이란 무엇인가. 지식은 관념에 관한 것과 사물 현상에 관한 것으로 분리된다. 논리나 수학 그리고 그밖의 다양한 인위적 법칙 혹은 규범에 대한 지식과 시간과 공간을 떠나서는 존재할 수 없는 사물 현상에 대한 지식은 동일하지 않다. 전자의 대상이 시간과 공간 밖에 있는 비경험적 즉 비지각적 존재라면 후자의 대상은 반드시 경험적 즉 지각적인 존재이다. 수학을 과학의 정수로 생각하는 것이 비전문가들의 상식적 생각이고 수학이란 학문을 동원하지 않고는 엄밀한 과학이 불가능하지만 수학은 어디까지나 과학의 도구에 멈추지 그 자체로서 과학의 일부가 될 수 없다. 한마디로 과학은 경험의 대상이 될 수 있는 구체적 사물 현상에만 한계지워진 지식을 가리킨다.

그러나 현상에 관한 모든 지식이 자동적으로 과학지식이 되지는 않는다. 현상에 관한 지식 자체는 관찰적 지식과 설명적 지식으로 또다시 두 가지로 분리할 수 있다. 눈을 뜨면 보이는 사과의 떨어짐이나 귀에 대면 들리는 전화 목소리에 대한 지식은 만유인력이나 전파의 원리에 대한 지식과 사뭇 다르다. 전자를 지각적 지식이라 한다면 후자는 설명적 지식이며, 전자를 직접적 지식이라 부른다면 후자는 이론적 지식이다. 그런데 오직 설명적 즉 이론적 지식만이 과학적 지식에 속한다. 과학적 지식의 목적은 어떤 개별적인 현상을 지적하거나 발견함에 있지 않고 그러한 현상들을 설명함에 있으며, 한 신념 belief의 소유가 아니라 그런 신념을 뒷받침 즉 정당화 justification함에 있다. 이러한 주장에 대뜸 반발이 나올 수 있다. 과학적 발견이라는 말이 가능하기 때문이다. 그러나 뒤에 밝히겠지만, 어떤 발견이 과학적이라고 규정될 수 있는 이유는 발견된 사물 현상의 내용이나 성질 때문이 아니라 그러한 사물 현상이 설명에 의해 정당화될 수 있는 데 있다. 과학적 발견이란 설명의 고안을 뜻한다.

그렇다면 설명이란 무엇을 의미하는가. 설명이란 말은 어떤 사실 혹은 현상이 있게 된 까닭을 밝혀 깨닫게 하는 지적 작업이다. 이해는 물론 일종의 의식 상태를 가리킨다. 이런 심리 상태로서의 이해는 하나의 개별적 사실이나 현상이 어떤 일반적 원칙이나 원리의 한 특수한 예에 지나지 않음이 논리적으로나 혹은 경험적으로 입증됐을 때에만 생긴다. 7+5=12 라는 수학적 개별적 사실이 수학적 체계의 한 사례임이 논리적으로 보여지고, 한 구체적 담론 안에서의 어떤 문장 혹은 어떤 낱말의 의미는 그 담론을 구성하는 언어의 구문론적 syntactics, 의미론적 semantics 그리고 화용론적 pragmatics 원칙으로부터 논리적으로 유추됨이 입증되고, 또한 한 개별적 사과가 떨어지는 현상이 만유인력의 물리학적 법칙으로부터 논리적으로 연역될 수 있는 사례임이 구체적으로 제시됐을 때 그 현상은 설명되고 따라서 이해된다. 즉 모든 C는 필연적으로 E라는 자연의 법칙이 존재하고 또한 실제로 C라는 것이 존재했음을 인정한다면 문제의 한 구체적 현상 E는 위의 두 사실로부터 연역적으로 유추된다. 이러한 관계가 보여질 때 한 현상은 자연적으로 설명되는 것이다. 이처럼 설명은 언제나 연역적 논리의 구조를 가지며 무엇인가를 설명한다는 것은 그 무엇을 연역적으로 추리할 수 있는 어떤 원칙이나 원리를 찾아낸다는 말과 다를 바 없다. 이런 설명 모델을 법규적 설명 nomological explanation 이라 한다. 과학적 설명이 언제나 현상에 대한 설명이며 법규적 설명적 지식의 전형적 모델임은 두말할 필요도 없다.

　과학적 설명은 인과적 설명이다. 과학적 지식이 어떤 현상에 대한 설명적 지식이기는 하나 모든 설명적 지식이 다 같이 과학적 지식에 속하지는 않는다. 설명은 그것의 틀을 마련해 주는 자연 현상의 법칙의 성격에 따라 인과적 causal 설명과 목적론적 teleological 설명으로 구별된다. 전자는 인과적 법칙을 그리고 후자는 목적론적 법칙을 각기 전제한다. 이 두 가지 법칙 간의 차이는 법칙을 구성하는 하나의 사건 C와 그 결과 E를 기계적 mechanical으로 보느냐 아니면 의도적으로 보느냐에 달려 있다. 아인슈타인의 특수상대성 이론의 법칙, $E=mC^2$은 에너지 E와 다른 한편으로 질량 m에 광속의 제곱 C^2을 곱한 등가적 관계가 기계적임을 전제한다. 물체가 땅에 떨어지는 현상에 대한 아리스토텔레스의 설명은 목적론적 설명의 전형적 예가 된다. 그에 의하면 모든 물체는 휴식하려고 땅으로 떨어지려는 의도를 갖고 있다는 것이다. 우주와 인간 존재에 대한 성서적 설명은 대폭발 big bang 이론에 의한 현대적 설명과 대조된다. 전자가 의도적 법칙을 전제한다면 후자는 기계적 법칙을 전제한다. 사물 현상에 대한 이와 같은 견해의 차이는 그 밑바닥에 사물 현상에 대한 형이상학적 견해의 차이를 전제한다. 자연 현상을 하나의 방대한 기계임을 전제로 하는 인과적 설명이 이른바 결정론적 형이상학을 전제하는 데 반해, 개별적 모든 자연 현상을 의도적 전제로 보는 목적론적 설명은 형이상학적 자유의지를 전제한다. 전자의 입장에서 볼 때 어쩌면 모든 존재는 원칙적으로 완전히 물리학 혹은 화학적 성분으로 환원될 수 있는 물질적 현상에 지나지 않으나, 후자의 관점은 그러한 입장을 부정한다. 전자가 사물 현상을 비인격적인 물질로만 본다면 후자는 사물 현상에도 어떤 인격적 요소가 있음을 전제한다.

앞의 두 가지 설명 모델 가운데 어느것이 더 적절하거나 그리고 두 가지 형이상학 중 어느쪽이 더 맞거나 간에 인류는 생각을 하게 되면서부터 언제나 사물 현상을 설명해왔으며, 아울러 의식하였거나 않았거나 간에 어떤 종류인가의 형이상학을 전제해왔다. 역사적으로 볼 때 인과적 설명의 예는 고대 희랍의 모든 것을 물로 본 탈레스나, 원자론을 주장했던 프로타고라스 등에서만이 아니라 그보다 훨씬 앞서 고대 중국의 역학 그리고 힌두교와 불교에서 말하는 윤회설 등에서 볼 수 있다. 하지만 현대적 의미로서의 인과적 설명은 근대에 와서 갈릴레이의 천문학이나 뉴턴의 역학에서 볼 수 있다. 이들에 의해서 처음으로 자연 현상이 정확한 수학적 공식에 의해서 서술되었고, 이러한 인과적 설명은 17세기 데카르트의 철학에 의해서 뒷받침되었다. 그러나 이런 설명이 있기까지 동서를 막론하고 절대 다수의 사람들은 자연 현상을 목적론적으로 설명해왔다. 수없이 많고 재미있는 신화들이 바로 그러한 예이다. 이런 설명은 비단 원시사회 아니면 근대 이전에만 있었던 것이 아니다. 첨단과학 시대에 살고 있는 현대인들 가운데에도 적지 않은 사람들이 자연 현상의 목적론적 설명을 완전히 포기하지 않는다. 아무리 이론적으로 세련되었더라도 모든 종교가 내포하고 있는 세계관이 자연 현상의 목적론적 설명을 전제하고 있음을 부정할 수 없다. 오늘날 일반 대중만이 아니라 많은 과학자와 철학자들까지도 독실한 종교인이라는 사실은 자연에 대한 목적론적 설명이 끈질기게 살아 있음을 증명한다. 그럼에도 불구하고 과학이라는 지식의 양식과 다른 종류의 지식의 양식으로의 구별은 이 두 가지 지식이 서로 다른 설명의 틀을 갖고 있다는 데 근거한다. 인과적 설명만이 과학적 설명이다. 그렇지만 모든 인과적 설명 구조를 갖춘 지식이 다같이 자동적으로 과학적 지식에 속하지는 않는다.

　과학적 인과법칙은 그것을 찾아내는 방법에 의해 구별된다. 역학은 우주를 구성하는 원리로서 음괘와 양괘의 인과적인 비인격적 법칙으로 자연 현상만이 아니라 인간의 운명까지도 기계적으로 설명한다. 불교의 윤회설은 한 인간에 있어서의 삶과 죽음은 물론 지구상의 생명의 놀랍도록 다양한 현상도 형이상학적 인과법칙 안에서 원인을 의미하는 업이라는 개념으로 설명하려 한다. 이런 점에서 역학이나 윤회설은 갈릴레이의 천문학, 뉴턴의 역학, 아인슈타인의 상대성 이론과 같은 거시물리학적 이론이나 맥스웰의 전자학 혹은 보어 등의 양자역학을 비롯한 허다한 현대 과학적 이론 혹은 법칙들과 전혀 다를 데가 없다. 그럼에도 불구하고 역학이나 윤회설은 과학적 이론으로서 수용되지 않는다. 그 이유는 이 이론들의 옳거나 그릇됨이 증명되지 않았을 뿐만 아니라 원칙적으로 실증도 반증도 될 수 없다는 데 있다. 어떤 신념이나 이론이 실증되려면 첫째 그것들을 구성하는 언어의 개념적 의미가 명확해야 하고, 둘째 그것들이 지칭한다고 전제되는 대상들이 객관적으로 경험될 수 있는 것이어야 한다. 만약 역학에서 말하는 음양 그리고 괘, 혹은 윤회설에서 말하는 업, 저승, 윤회 등이 정확히 어떤 것일 수 있는지를 알 수 없거나, 설사 그런 뜻을 안다 해도 그것들이 구체적 관찰의 대상 밖에 속하는 존재라면, 그런 것들 간의 실제적 인과적 관계를 인정할 수 없다. 그러므로 위와 같은 이론들은 처음부터 원칙적으로 그것의 옳고 그름을 결정할 수 없다. 따라서 그 이론들은 과학적 이론이 아니다. 이와 대조해서 아인슈타인이나 맥스웰이나 보어의 이론 속에 사용된 개념들이 지칭하는 대상들은 직접 혹은 간접적으로 관찰될 수 있다. 그리고 실증적으로 증명되거나 반증될 수 있다. 그렇기 때문에 이런 이론들은 과학이 될 수 있다.

과학지식

그러나 일반적 뜻으로서의 실증성은 과학적 지식의 만족스러운 척도는 되지 않는다. 종교나 역학 혹은 윤회설이 어떤한 사람의 직관이나 기적적인 경험으로써 실증되었다고 주장할 수 있기 때문이다. 만일 과학적 지식이 관찰에만 근거한다면 위의 이론들도 과학적 이론이 될 것이다. 그러나 관찰은 과학적 지식의 충분조건이 아니다. 문제는 그냥 관찰이나 경험이 아니라 어떤 식의 관찰이며 경험이냐는 데 있다. 과학적 지식은 과학적 방법에 의해서 관찰되었을 때에만 성립된다는 것이다. 파이아벤트 P. K. Feyerabend 같은 과학철학자가 정면으로 부정하고 나왔지만 과학적 지식을 쌓는 데 있어서 과학만의 고유한 방법이 있다는 이른바 논리실증주의자들의 주장은 아직도 과학자들이나 일반인들이 자명한 상식으로 믿어오고 있다.

과학적 방법은 첫째 개별적 사실들의 관찰로 시작하고, 둘째 거기서 귀납적으로 그 관찰 대상에 대한 일반적 명제를 하나의 가설로서 법칙을 끌어내고, 셋째 그 일반적 명제로부터 연역적 논리로 추리되는 어떤 결과를 예측한 다음, 넷째 예측대로의 결과가 구체적으로 나타나는가를 검증하는 네 가지 실증 절차를 밟는 데에 있다. 그뿐만 아니라 이러한 실험이 모든 사람에게 반복될 수 있어야 한다. 이 방법적 구조의 2단계인 이른바 귀납적 논리에 대한 시비는 많이 있어 왔고 현재로서는 귀납적 논리가 존재한다는 주장이 대체로 부정되고 있다. 그리고 포퍼 K. R. Popper는 적극적 뜻으로의 증명을 부정하고 오로지 소극적 의미로의 증명을 주장한다. 과학에서 실증이라는 말은 반증되지 않았음을 의미할 뿐이라는 것이다. 이런 방법의 절차를 거칠 때 하나의 신념은 과학적 진리라는 명칭을 얻고 지식의 자리를 차지한다.

사물 현상에 대한 비실증적 지식은 물론 비인과적 설명 그리고 신화적 설명까지를 믿는 이는 아직도 적지 않다. 아직도 인류의 태반이 종교를 믿고 아직도 역학의 원리에 따른 점쟁이를 찾거나 저승에 가서 다시 개로 태어나지 않으려고 업을 닦는 사람들도 적지 않다. 그럼에도 불구하고 다른 모든 신념이나 이론들이 미신이거나 신화적인 미개한 정신의 소산에 지나지 않은 데 반해, 유일하게 과학적 지식만이 합리적이며 따라서 진리라는 생각은 현대인에게 의심할 수 없게 되었다. 과학적 지식은 그만큼 거의 절대적 권위와 힘을 누리고 있다.

과학적 지식이 〈진리적〉이라면 모든 진리는 과학적인가. 우선 진리는 무엇이며 과학이라는 단서가 붙은 진리란 무엇인가. 진리는 어떤 존재, 아니면 의식 속에 비친 존재의 복사 혹은 반영으로 생각한다. 물론 진리가 인간에 의한 어떤 객관적 존재의 표상 즉 서술임은 틀림 없다. 모든 표상 즉 서술은 말할 것도 없고 어떠한 인식, 어떠한 지각조차도 의식 구조 혹은 언어적 개념을 떠나서는 불가능함은 현대 인식론은 물론 심리학이 다같이 확신하고 있는 전제이다. 그렇다면 모든 형태의 지식은 어떤 의미에서 주관적이라는 것이다. 흔히들 과학만은 예외로서 이러한 표상들과는 달리

과학지식

28

객관적인 존재를 있는 그대로 서술한다고 믿어왔지만 과학 철학자 쿤 T. S. Kuhn의 『과학혁명의 구조』가 알려진 후 과학 적 표상에 대한 기존의 관념이 하나의 환상이었음을 인정하지 않을 사람은 없다. 그러므로 진리는 어떤 신념이 표상하는 객관적 대상 자체에 대해 유일한 기준으로서가 아니라 다양한 척도에 의해서 다양하게 결정된다. 과학적 진리가 의미를 가질 수 있는 것과 같이 예술적 표상에 있어서의 미학적 진리 등을 언급할 수 있다. 과학적 지식의 권위는 그것이 어떤 존재의 객관적 복사라는 뜻으로의 진리를 의미하지 않는다. 어떤 경우에도 진리는 복사물이 아니기 때문이다.

어떤 표상도 그 대상 자체와 일치할 수 없다는 말은 그 표상이 그 대상을 모든 각도에서 동시에 서술할 수 없다는 뜻이지 그 대상과 아무 관계가 없다는 말은 아니다. 코끼리는 절대로 모든 면에서 동시에 표상되지 못하지만 그것은 여러 장님들에 의해서 다양한 각도에서 다양하게 표상될 수 있다. 과학이 같은 현상을 종교, 신화 그리고 예술 작품과는 다른 모양으로 표상할 뿐만 아니라 더 바람직하게 표상한다해도 그러한 사실은 과학만이 절대적 진리를 독점한다는 것을 입증하지 않는다. 과학은 여러 가지 가능한 서술 가운데의 하나에 지나지 않으며, 과학자는 코끼리를 어루만지는 장님 중의 하나일 따름이다. 따라서 과학적 지식 즉 표상만이 유일한 진리라고 주장하는 과학자들이나 그밖의 사람들의 과학에 대한 인식은 전적으로 잘못이다. 과학적 지식의 매력과 힘과 가치는 그것의 예측 능력에 있다. 과학이 추구하는 지식은 예견을 도와주는 표상의 틀이며, 과학이 말하는 진리는 그러한 표상이 의도한 대로 우리로 하여금 미래를 예견하는 발판이 된다는 뜻에 지나지 않는다.

이 지점에서 네 가지 철학적 문제가 제기된다. 첫째 이른바 과학적 방법은 물리학, 화학, 생물학 그리고 사회과학에 일괄적으로 적용될 수 있는가. 둘째 과학적 진리는 존재와 어떤 관계를 갖고 있는가. 셋째 과학기술은 무엇을 의미하는가. 넷째 과학의 가치는 무엇인가.

과학지식

3 자연과학과 기타 과학

과학은 흔히 학문이라는 말과 거의 동의어로 사용되며 학문은 그 대상의 성격에 따라 수학, 물리학, 화학, 생물학, 심리학, 사회학, 정치학, 경제학, 경영학, 역사학, 예술, 문학 등의 다양한 분야로 분리되며 학문이 발전되면 될수록 학문의 분야는 더욱 세분화되거나 새로운 분야가 더욱 개척된다. 이 모든 분야의 학문들은 관례적으로 자연과학, 사회과학 그리고 인문과학으로 삼분된다. 자연과학은 물리학, 화학, 생물학 등을 가르키며 사회과학은 흔히 사회학, 정치학, 경제학, 심리학 등을 대표적으로 포함하고 인문과학에는 언어학, 역사학, 예술, 문학 등이 포함된다.

수학이 자연과학에, 인류학이 인문과학에 분류되지만 사실상 이런 분류는 극히 애매하고 독단적이다. 수학은 과학의 한 분야가 아니라 과학이 절대적으로 필요로 하는 언어에 불과하다. 수학이라는 언어를 썼을 때 사물 현상은 비로소 과학적으로 기술되며 서술될 수 있다. 현대적 의미에서의 과학적 지식은 코페르니쿠스가 자신의 혁명적 지동설을 수식으로 서술함으로써 시작된다.

수학을 제외한 모든 학문들의 앎의 대상이 경험과 논리를 바탕으로 경험 과학으로서 존재함에는 의심할 바 없고 이 대상들에 대한 학문이 성립되어 있지만 과연 관례대로 이 모든 분야에 대한 지식의 추구를 과학이라고 부를 수 있으며 그 분야가 각기 주장하는 설명, 지식 혹은 진리를 다같이 과학적이라고 부를 수 있겠는가의 의문이 생긴다. 물리학이 현대적 의미에서의 과학을 대표하고 그것의 과학적 대표성이 그것의 고유한 과학적 방법에 토대를 두고 있다면, 물리학 외의 모든 학문이 과학이라고 불리우는 이상 그것들이 주장하는 지식도 똑같은 과학적 방법에 바탕을 두어야 할 것이다.

여기에 대한 대답은 첫째 형이상학의 선택과 둘째 과학이란 말의 의미 해석에 대한 견해의 차에 따라 달라진다. 한편으로 유물론적 형이상학의 시각에서 모든 현상, 따라서 모든 과학의 대상들은 표면상으로 그것들이 아무리 서로 다르다 해도 궁극적으로 물리 현상으로 환원된다고 전제하느냐 아니냐에 따라 긍정적인 대답과 부정적 대답이 나올 수 있다. 또 다른 한편으로는 과학이라는 말을 물리학에서 적용하는 과학적 방법, 즉 기계적 인과법칙에 의거한 설명적 지식으로 규정한다면, 그러한 방법을 적용할 수 없는 학문 분야는 과학이 될 수 없다. 이런 입장에서 볼 때 물리학 외의 학문은 과학이 아니며, 물리학에서와 같은 방법으로 이를 수 없지만 그렇다고 모든 지식 즉 학문이 오로지 과학적이어야하는 것은 아니라는 입장도 설 수 있다. 이런 관점에서 볼 때 학문은 과학의 독점물이 아니다.

과학과 학문을 동일시하고 과학의 패러다임을 물리학에서 찾는 철학적 입장을 논리실증주의라 부른다. 그들에 의하면 모든 현상은 원칙적으로 물리 현상으로 환원될 수 있으며 원칙적으로 똑같은 방법으로 모든 현상이 설명된다는 것이다. 이러한 입장을 부정하는 철학적 입장을 해석학이라 이름짓는다. 이런 입장에서 볼 때 자연과학과 사회과학 및 인문과학은 그 지식의 내용이나 지식을 찾는 방법이 자연과학의 경우와 원칙적으로 다르다. 전자가 모든 지식을 과학적 지식과 동일시하고 유일한 목적과 구조와 방법을 전제하고 있는 데에 비추어 후자는 학문과 지식, 그리고 학문의 목적, 구조와 방법의 다양성을 인정한다. 전자의 입장은 논리실증주의자들이 주장했고 이런 주장은 햄펠, 네겔 E. Nagel, 러드너에 의해 철학적 뒷받침을 받고 후자의 입장은 해석학자와 구조주의자 등이 주장했으며 이런 주장은 오래 전에 이미 딜타이 W. Dilthey에 의해서 주장되고, 더 가까이는 윈츠 P. Winch, 휜-라이트 Von Wright, 가다머 H. H. Gadamer, 리꾀르 P. Ricoeur 같은 철학자들에 의해서 주장되어 왔다.

전자의 입장에서 볼 때 물리 혹은 화학 현상과 같은 무기물을 대상으로 하는 물리학, 화학에서 사용되는 기계적 인과법칙에 의한 설명 방법 즉 지식 구성의 방법은 생물 현상을 취급하는 생물학은 말할 나위도 없고 인간의 의식을 취

급하는 심리학, 그리고 인간들의 집단적 현상을 대상으로
하는 여러 가지 사회과학들에도 원칙적으로 다같이 적용되
어야 하며 또한 실제로 그러한 적용이 가능하다는 것이다.
이러한 입장은 결정론적 유물론의 형이상학을 전제로 한다.

　최근의 첨단 과학의 하나인 유전공학만이 아니라 하버드
대학의 윌슨 E. O. Wilson이 주장하는 사회생물학 sociobiology
도 인간의 모든 사회적 행동을 그가 타고난 유전자에 의해
인과적으로 설명한다. 이러한 점에서 유전 생명공학은 생명
현상을 물리 현상으로 설명할 수 있는 가능성을 다분히 보
이고 있는 듯하다. 그러나 한 생물체의 개별적인 부분 현상
이 그 생명체 자체의 생존이라는 목적을 완전히 떠나서 기
계적 인과관계로만 설명될 수 있는지는 의심스러우며, 설사
그런 의심이 없다 해도 우리가 생물 현상을 알려고 할 때
우리가 의도하는 것이 과연 그러한 설명인지 의심스럽다.
하물며 사회 현상은 어떠랴. 우선 의식이 어떤 종류의 현상
임에는 틀림 없지만 그것은 언제나 무엇인가를 〈의미〉한다.
그런데 의미는 반드시 언어적이며, 언어적 의미는 어떠한
현상으로도 환원될 수 없다. 인간을 육체적 차원에 국한시
켜서가 아니고 그냥 구체적 인간으로 안다는 것은 그의 육
체적 변화를 물리학적으로 설명하기보다는 그 행동의 의미
를 파악함에 있을 것이다. 한 인간이 물리학적 인과법칙에
의해서 만족스럽게 설명될 수 없다면 그러한 인간들의 집단
적 행동이 물리적 인과법칙에 의해서 만족스럽게 설명될 수
없음은 더욱 명백하다.

자연과학과 기타 과학

　이러한 사실에 근거해서, 일찍이 딜타이는 무기물을 대상으로 하는 물리학 혹은 화학만이 아니라 유기물을 대상으로 하는 생물학을 포괄한 자연과학과 인간 현상을 대상으로 하는 심리학 혹은 사회과학이나 인간 고유의 생산품으로 볼 수 있는 언어 그리고 언어로 만든 문학 작품 등을 대상으로 하는 이른바 〈인문과학〉은 결코 서로 환원될 수 없는 성질이라며 그것들의 목적, 앎의 구조와 방법을 자연과학과 명확히 구별했다. 자연과학과 인문 사회과학은 각기 그들이 추구하는 앎의 대상이 존재론 즉 형이상학적으로 그 성질에 있어 전혀 다르기 때문이다.

　자연과학의 대상이 물리 현상이든 생물 현상이든 상관없이 관찰할 수 있는 현상적인데 반해서 인문 사회과학의 대상은 언어적 뜻으로의 의미, 즉 비관찰적, 비지각적 존재라는 것이다. 문학 작품이 관측이나 인과적 설명을 요구하지도 않고 그렇게 설명할 수 없는 성질을 띄고 있음은 쉽사리 납득된다. 다시 말해서 문학 작품에 대한 지식을 실험이나 관찰 혹은 측량에 의해서 얻으려는 생각이 얼마나 우스운 일인가는 지적할 필요조차 없다. 인문과학의 대상인 문학 작품이 과학적으로 설명될 수 없다면, 가령 문학 연구 즉 문학 작품의 해석과 같은 작업을 과학의 범주에 넣어 부르게 된 〈인문과학〉이라는 개념은 엄격히 말해서 모순된다.

　사회과학이 대상으로하는 사회 현상은 언뜻 보아 그 존재 양식이 한편으로는 문학 작품의 존재 양식과 크게 다르고 다른 한편으로는 자연 현상의 존재 양식과 유사하게 보인다. 사회 현상은 자연 현상과 마찬가지로 관찰과 경험의 대상으로서 존재하는 것 같다. 가족, 학교, 군인, 부유계급, 카톨릭 신자, 자살자 등 모든 집단들은 구체적으로 존재하며 따라서 관찰할 수 있고 측정할 수도 있는 존재들임에 틀림없다. 즉 그들은 물질적으로 서술될 수 있고 물질적으로 존재하는 한 그것들의 현상은 인과적 법칙에 기계적으로 복종하는 것으로 보아야 한다. 가령 사회학자 뒤르켕 E. Durkheim 은 한 종교적 신념과 자살자는 인과적 관계가 있다고 보았다. 엄격한 교리를 가진 카톨릭교를 믿는 사회 집단은 보다 자유로운 교리를 가진 프로테스탄트 교리를 믿는 사회 집단보다 상대적으로 자살율이 낮다고 주장했다. 어쩌면 밥을 먹는 집단이 빵을 먹는 집단보다 상대적으로 유순한 성격을 갖는다는 인과적 관계가 입증될 수도 있을 것이다. 실제로 여러 가지 서로 다른 사회 집단들의 행동이나 신념은 그들 간의 인과적 관계의 어떤 법칙 아니면 한 사회 집단과 다른 사물 현상들과의 인과적 법칙을 가정하며 적지 않은 경우 많은 사회 현상이 그러한 법칙에 비추어 설명되고 있다. 그리고 이렇게 가정된 인과법칙에 의해서 연역되는 많은 예측은 성공적으로 맞아 들어가고 있다. 다시 말해서 많은 사회 현상은 자연 현상을 설명하고 예측케 하는 자연과학적 방법과 완전히 같은 방식으로 설명할 수 있을 성싶다. 이런 점에서 볼 때 사회과학은 자연과학의 일부에 불과하다고 주장한다. 그들 두 분야의 과학이 구별되는 점은 후자의 설명과 예측이 정확한 데 반해서 전자의 경우 상대적으로 그 결과

자연과학과 기타 과학

의 예측성이나 실험성의 정확도가 약하다고 주장된다. 이런 차원에서 오늘날 이른바 많은 사회학적 연구가 추진되고 있으며 갖가지 사회학적 법칙이 제안되거나 주장되고 있다. 그뿐만 아니라 이런 사회학적 연구는 사회학적 차원에서 경제적, 정치적, 군사적 그리고 그밖의 다양한 사회적 혹은 개인적 결정을 하는 데 유효한 역할을 한다.

자연과학과 똑같은 방식과 목적을 위해서 사회 현상에도 위와 같은 식의 설명을 시도한다는 것은 이른바 사회 현상도 물리 현상과 그 성질이 근본적으로 다르지 않음을 전제한다. 즉 인격체, 결혼, 기혼자, 가족, 종교인, 의식, 피지배자 등의 사회학적 개념들은 특별한 무엇을 의미하지 않고 궁극적으로는 오직 물리 현상에 대한 어느 차원에서의 서술에 지나지 않는다는 입장이 전제되어 있다. 그러나 문제는 그렇지 않다는 사실을 쉽게 입증할 수 있다는 데 있다. 생리학적으로 즉 물리 현상으로 볼 때 내가 미혼자인지 혹은 기혼자인지를 구별할 수 없고, 내가 피지배자 계급이라는 사회적 범주에 속하는지 아닌지를 결정할 수 없다. 미혼자냐 아니냐의 결정은 오직 어떤 법적 제도의 테두리에서만 의미를 갖고, 내가 피지배자인가 아닌가는 특정한 역사적 맥락에 따라 달라진다. 만일 사회적 개념이 꼭 물리 현상을 지칭하는 것이라면, 그 개념이 지칭하는 대상은 보편적이며 객관적이어서 어떠한 맥락에 따라 달라질 수는 없을 것이다. 그렇다면 사회 현상이 설사 어느 측면에서는 물리적으로 관찰될 수 있다 해도, 그것은 물리 현상 아닌 다른 어떤 현상을 지칭한다고 보아야한다. 그렇다면 물리적으로 완전히 환원될 수 없는 미혼자, 가족, 피지배자를 알았을 때에만 비로소 그러한 사회 현상을 알았다고 말할 수 있을 것이며, 따라서 모든 사회과학은 사회 현상의 그러한 측면을 앎의 대상으로 잡아야 할 것이다.

　물리 현상으로 환원될 수 없는 미혼자, 가족, 피지배자 혹은 종교 단체 등의 사회 현상이란 도대체 어떤 존재이며 그런 것을 연구하고 안다는 말은 구체적으로 무엇을 말하는가. 사회 현상은 자연 현상이 아니라 제도 현상이다. 그것은 인위적으로 만들어진 규범의 맥락에서 비로소 뜻을 갖는다. 미혼자, 가족, 피지배자 그리고 종교 등의 말은 오로지 눈으로는 관찰될 수 없는 제도, 체제의 틀을 떠나서는 존재할 수 없다. 즉 그것들은 제도적 산물이다. 이런 시각에서 볼 때 그것들은 일종의 기호 즉 언어의 기능을 말하며 따라서 언어적 의미를 갖는다. 이렇게 보면 인문사회학을 한다는 것은 일종의 언어적 의미를 밝히는 작업에 지나지 않는다.

　그렇다면 언어의 의미를 안다는 말은 무엇을 가리키는가. 어떤 자연 현상을 안다는 말이 그 현상을 설명한다는 뜻에 지나지 않는다면 의미를 안다는 말은 그 의미를 이해한다는 뜻에 불과하다. 그렇다면 사회 현상은 한 에세이나 논문 혹은 책을 구성하는 단편적 텍스트에 해당되고 하나의 사회는 한 권의 책에 비유될 수 있다. 이런 관점에서만 볼 때는 인문과학의 목적은 자연과학의 목적과 근본적으로 상이하며, 자연과학과 사회과학의 구별은 〈설명〉적 과학과 〈이해〉적 과학

자연과학과 기타 과학

의 구별로 분석된다. 달리 말해서 자연과학이 다루는 자연 현상은 설명의 대상이 되고 인문사회학이 다루어야 할 언어 혹은 기호, 더 정확히 말해서 텍스트는 이해의 대상이다.

앞서 보았듯이 하나의 자연 현상을 설명한다는 것은 바로 그 현상이 이미 실증된 하나의 기계적 인과법칙의 틀로부터 연역적으로 추리됨을 실증적으로 보여줌을 의미함에 지나지 않는다면, 하나의 텍스트의 의미를 이해한다는 말은 그 텍스트를 구성하는 기호 혹은 낱말이 어떤 규범적 혹은 문법적 체계 속에서 어떤 위치를 잡고 어떤 기능을 하는가를 논리적으로 밝히는 작업을 지칭한다. 사물 현상 혹은 경험을 서술하는 데 사용되는 모든 언어 혹은 기호는 반드시 체계 즉 구문론 속에서 순전히 내재적 관계를 떠나서는 존재할 수 없으며 그와 동시에 각 낱말은 의미론 속에서 외재적으로 언어 밖에 존재하는 어떤 대상을 반드시 지칭한다. 이런 언어로 구성된 텍스트를 이해한다는 것은 문장론과 의미론을 종합적으로 연결하는 해독론적 작업이다. 그러나 해독은 반드시 어떤 주체자의 작업이기 때문에 주관성을 완전히 벗어나기 힘들며, 또한 같은 낱말 혹은 기호도 그것이 사용된 시대적 혹은 개인적 배경에 따라 달라질 수 있기 때문에 텍스트의 의미 해독은 주관성과 상대성을 완전히 벗어날 수 없다. 인문 사회과학의 방법론은 자연과학의 방법론과 확실하게 구별해야 한다고 다같이 강력하게 주장하면서도 언어의 구문론에 초점을 두고 불변하는 언어의 구조에만 주의를 쏟을 때 인류학자 레비 스트로스 Lévi-Strauss와 문학비평가

롤랑 바르트 R. Barthes가 초기에 주장했던 이른바 구조주의 structuralism 해독 이론이 나오고, 똑같은 낱말이라도 시대 나 맥락에 따라 그 지칭 대상이 다를 수 있다는 사실과 같은 낱말이나 텍스트도 그것을 해독하는 주체자의 배경이나 관점에 따라 그 의미가 크게 달라질 수 있다는 사실을 강조할 때 딜타이, 가다머 그리고 리꾀르와 같은 이론가들에서 볼 수 있듯이 이른바 해석학 hermeneutics의 이론이 나온다.

　모든 과학적 지식의 양식, 목적, 그리고 방법의 동일성을 고집하는 환원주의적 논리실증주의자들과 그런 입장에 반대하는 반환원주의적 해석학자들 간의 싸움은 아직도 종지부를 찍지 못하고 있다. 최근 첨단과학의 발달 속도로 먼 앞날 이상적 상황에서 인간의 의식까지도 물리적으로 완전히 설명되고 보다 고도의 수학이 개발되어 모든 현상이 한결같이 기계적 인과법칙으로 설명될 듯 싶지만, 저자의 독단적 생각으로는 그러한 상황은 논리적으로 생길 수 없다고 느껴진다. 만일 나의 관점이 맞고 또한 물리학을 유일한 과학의 모델로 삼는다면 생물학은 몰라도, 문학이나 언어학이나 여러 가지 이른바 사회과학은 과학이 아니다. 그런 것을 그래도 학문이라 부르고 그러한 학문의 주장을 지식이라 고집해야 한다면, 그러한 지식을 과학적 지식과 혼돈해서는 안되며 과학적 지식의 척도로 비과학적 지식의 옳고 그름을 가늠해서는 안된다. 이러한 사실은 과학적 진리만이 유일한 진리가 아니며 따라서 진리는 다양할 수 있음을 시사한다.

4 과학과 존재

과학이 사물 현상에 대한 지식을 의미하는 이상 그것은 객관적 어떤 존재에 대한 정보를 제공한다. 객관적 현상에 대한 정보가 여러 가지 방식으로 다양하게 전달될 수 있다 해도 과학은 자신의 정보가 가장 객관적임을 자처한다. 과학의 발달과 더불어 오직 과학적 진리만이 진리라고 과학자 자신은 물론 현대 교육을 받은 사람이면 누구나 생각하게 됐는데 과학적 지식의 엄청난 혜택과 가공할 만한 잠재적 힘을 감안할 때 그것은 전혀 우연한 사실일 수 없으며 오히려 당연하다. 하루가 다르게 최신 과학들이 보여주고 설명해 주는 미시적 차원의 물질의 본질과 아울러 우리의 가장 자유롭고 대담한 상상력조차도 미칠 수 없는 우주에 대한 이론과 학설은 과학이, 아니 오직 과학만이 세계, 물질, 더 철학적으로 말해서 존재에 대한 올바른 정보를 제공할 수 있는 것 같다. 과학적 지식의 부단한 발전과 그런 지식을 이용함으로써만 가능했던 실로 경이롭기만한 과학기술은 우리로 하여금 오직 과학만이 자연의 모든 사물현상에 대한 객관적 지식 즉 진리를 보여줄 수 있고 그 밖의 모든 정보는 잘해야 미신에 불과하지 지식의 범주에 속할 수 없다는 결론을 꺼내게 한다.

그러나 이러한 결론은 성급하다. 과학적 지식과 그것이 서술하는 사물현상 즉 객관적 존재간의 관계에 대한 위와 같은 결론은 보다 다각도로 깊이 검토할 필요가 있다.

과학이 지식인 이상 그것은 필연적으로 무엇인가의 서술 즉 표상이다. 모든 지식은 인간 신념의 표상이다. 그리고 표상은 한 의식 속에 비쳐진 대상의 언어 혹은 기호적 재현임을 뜻한다. 따라서 이상적 표상은 한 대상의 언어적 복사이어야 할 것이다. 무엇을 올바로 인식한다 즉 안다는 말이 그 대상의 정확한 복사를 의미한다면 과학적 지식은 한 인식 대상의 가장 충실한 복사로 보아야 할 것이다.

인식 즉 표상을 한 인식 대상의 복사라는 생각은 플라톤에서 시작하여 데카르트를 거쳐 후설 그리고 어느 면에서는 위의 철학자들과 정면으로 대립되는 논리실증주의자들로 이어지는 서양철학의 지배적 생각이었다. 이런 생각은 유교철학에도 자명한 전제로 은근히 깔려 있다. 인식에 대한 위와 같은 견해는 괴팍한 철학자들만의 전유물이 아니다. 거의 모든 사람들이 막연하나마 자명한 사실로 믿고 있다고 생각된다.

그럼에도 불구하고 그 세력과 영향력은 상대적으로 미약했으나 이미 고대 그리스의 프로타고라스를 비롯한 이른바 소피스트들이나 고대 중국의 老子나 莊子에 의해서, 또한 칸트, 니체, 콰인 W.V.O.Quine, 굿만 N. Goodman, 쿤, 그리고 최근에는 롤티 R. Rorty, 데리다 J. Derrida 등에 의해서 인식을 어떤 사물의 복사로 보는 견해는 강력히 저항되고 부정되어 왔다. 이러한 입장은 이른바 포스트모더니즘이라 불리는 현재에 더욱 설득력을 갖게 되었다. 사물 현상에 대한 인식, 지식, 표상, 신념은 그 사물 자체의 복사적 반영이 될 수 없다는 것이며 따라서 플라톤 이래 적어도 서양의 철학사에서 지배적이었던 인식의 의미, 즉 인식과 그 대상과의 관계에 대한 견해는 근본적으로 잘못 되었다는 것이다.

사물 현상에 대한 전통적 모든 신념이나 설명이 잘못 되었더라도 과학적 지식만은 사물 현상을 객관적으로 표상하는 한에서 흔들릴 수 없는 진리이고 그것이 진리인 한 사물 현상의 올바른 복사라는 생각은 오늘날 많은 사람들이 확신하고 있는 신념 중의 하나이다. 즉 그것이 객관적인 진리인 한에서 과학적 지식은 그 표상 대상을 있는 그대로 보여준다라는 것이다. 그러나 인식과 그 대상, 즉 표상과 그것이 전제하는 사물 현상과의 관계에서 위와 같은 결론이 모든 인식 일반에 걸쳐 한결같이 나왔다면 과학적 지식의 성격이 다른 형태의 지식과 아무리 다르고 유일하게 신빙성을 갖고 있다 해도 그것이 지식 즉 표상인 한에서 과학지식은 예외가 될 수 없다. 이러한 결론은 과학철학에 혁명을 이르킨 쿤의 과학사 해석에 의해서 증명되었다고 말할 수 있다.

만일 과학적 지식이 객관적인 어떤 존재의 복사를 의미하며, 과학적 발견이 그러한 종류의 성공적 복사에 지나지 않으며, 또한 과학사가 그러한 발견과 복사의 이야기에 지나지 않는다면, 이른바 과학적 진보는 인간이 자연 현상에 대한 객관적 존재의 모습에 그만큼 더 가까워지고 따라서 그 존재에 대한 객관적 정보를 그만큼 더 많이 축적했음을 의미한다. 그러나 쿤은 과학적 지식이 축적적이 아님을 구체적인 과학사를 통해서 증명한다. 그에 의하면 과학사는 과학적 지식의 축적적 증가의 역사가 아니라 자연 현상을 보고 설명하는 관점의 부단한 혁명의 역사에 지나지 않는다는 것이다. 이러한 관점을 그는 패러다임 즉 전형이라 부른다. 그에 의하면 어떤 주장이 과학적으로 맞느냐 아니냐는 판단은 논리적으로 어떤 규범을 전제해야 하는 데 그 규범은 객관적으로 존재하는 것이 아니고 과학자들이 만들어 낸 인위적인 것에 불과하다. 따라서 그런 규범 즉 패러다임은 시대나 사람에 따라 변할 수 있다. 그런 패러다임이 과학자들에 의해서 별로 이견 없이 수용됐을 때 〈정상과학〉이 성립하게 된다. 이와는 달리 한 현상에 대한 설명이 기존의 패러다임으로 설명되지 않고 새로운 패러다임으로만 설명될 때 〈비정상과학〉이라고 부를 수 있는 현상이 과학자들 간에 생긴다. 과학의 발전이란 이런 과정을 거쳐 기존의 패러다임이 새로운 패러다임에 의해서 대체됨을 지칭함에 지나지 않는다는 것이다. 톨레미의 천문학이 코페르니쿠스의 천문학에 의해서, 그리고 뉴턴의 물리학이 아인슈타인의 물리학에 의해 대치된 사실은 코페르니쿠스나 아인슈타인이 자연 현상에 대한 객관적 사실을 더 많이 그리고 더 옳게 발견하거나 설명했음을 입증하지 않는다. 그것이 증명한 것이 있다면 그것은 다만 똑같은 자연 현상에 대한 과학자들 그리고 더 일반적으로 말해서 인간의 관점과 서술 방법이 변했다는 사실뿐이라는 것이다. 예술가들 특히 낭만적 예술가들이나 하이데거 같은 철학자들은 예술만이 존재의 본질을 표상해 줄 수 있다고 주장하는 데 대해서 과학자들은 너무 주관적이라는 이유로 예술적 표상을 비판한다. 신비적이고 미신적이고 비합리적이라는 이유로 종교적, 신비적, 미신적 혹은 전통적 모든 신념을 거부하며 오직 그들의 방법으로 얻게 된 신념만을 참다운 표상 즉 진리라고 확신해 왔다. 그러나 지금 위에서 본 과학적 지식에 대한 이론과 지각을 포함한 모든 인식에 대한 이론을 인정한다면, 과학적 지식은 자연 현상의 본질 자체를 유일하게 표상해 준다기보다 잘해야 그러한 자연 현상을 표상할 수 있는 방법들 가운데 단 한가지 방법일 뿐이라는 결론만이 나올 수 있다.

그럼에도 불구하고 이러한 결론을 쉽게 곧바로 수용하려 할 때 우리는 대뜸 어떤 걸림돌에 부딪힌다. 설사 모든 양식의 표상이 모두 그러한 것은 아니지만 적어도 과학적 표상만은 객관적 대상의 본질과 뗄 수 없는 관계를 갖고 있는 것만 같다. 이른바 과학적 진보는 표상 대상 자체의 본질에 비추어 볼 때 표상으로서 지식 즉 이론이 다른 표상 즉 다른 이론들보다 더 충실하리라는 신념을 쉽게 버릴 수 없다. 아인슈타인의 상대성 이론이 뉴턴의 역학보다 진보했다고 생각하게 된 이유는 전자가 후자보다 더 많은 현상을 포괄적으로 설명해 주기 때문이라는 데 있다면 그러한 사실은 그 이론이 자연 현상을 보다 더 정확히 표상해 주기 때문이라고 보아야 할 것 같다. 과학이 전제하는 존재와 그것의 구조들이 인간의 인식 구조나 서술적 도구로서의 언어와는 별개로 독립해서 존재한다고 전제하지 않으면 과학이론이 예측해 준 대로 실제 현상이나 사건이 생기는 사실을 설명도 할 수 없으며 이해도 할 수 없다. 아인슈타인의 상대성 이론이 옳다면 우리들이 생각하는 바와는 상관 없이 시간과 공간은 〈실재로〉 즉 존재론적으로 상대적이기 때문일 것이다. 만일 그렇다면 시간과 공간의 절대성을 전제하는 뉴턴의 역학은 오류이며, 따라서 시간과 공간은 실재로 즉 존재론적으로 절대적이 아닐 것이며 따라서 그 이론은 틀렸음이 분명하다. 요컨대 양자역학이 보여주는 극한적 미시세계나 천문학이 들려주는 우주의 이야기는 소설에서나 볼 수 있는 상상물이 아니라 엄연히 실제로 존재하는 것임을 의심하기 어려울 것 같다. 자연 현상에 대한 다른 형태의 주장은 몰라도 적어도 과학적 주장만은 객관적 존재를 드러내 보여주는 것 같다.

그러나 문제는 위와 같은 두 가지 가능한 결론이 동시에 다같이 옳을 수 없다는 데 있다. 과학적 표상과 그 대상 즉 과학적 서술과 그 대상의 실재성의 관계에 관한 문제는 철학에서 핵심적 문제의 하나인 인식과 대상에 관한 문제로서 그것은 관념주의 idealism와 실재주의 realism와의 끊임없는 철학적 논쟁의 한 형태에 지나지 않는다.

관념주의와 실재주의의 문제는 존재와 그것에 대한 인식과의 관계 즉 어떤 사물과 그 내용에 대한 나의 신념과의 관계에 관한 문제이다. 그것은 어떤 사물 현상 자체와 그것에 대한 나의 신념, 더 일반적으로 말해서 그냥 객관적으로 존재하는 세계와 내가 생각하고 있는 세계의 관계를 밝히는 문제이다.

관념주의와 실재주의는 인식론적인 동시에 형이상학적 개념이다. 이들간의 차이는 우리가 사물 현상을 알 수 있는 절차에 관한 견해의 차이인 동시에, 우리가 모든 존재에 대해 갖고 있는 신념의 내용 해석에 관한 의견의 차이를 나타낸다. 관념주의적 입장에서 볼 때 인식 주체자로서 누군가가 인식하기 이전 즉 신념을 갖기 이전에는 그 어떤 것이 존재한다는 주장은 인식론적으로 불가능하다. 왜냐하면 어느 한 사람에게도 인식되거나 논리적으로 연역될 수 없는 어떠한 객관적 존재를 주장한다는 것은 보지 않고 보았다든가 모르고서도 안다는 주장에 지나지 않으며 이런 주장은 논리적으로 모순되기 때문이다.

관념주의의 이러한 인식론적 결과는 〈존재하는 것은 관념 뿐이다〉라는 유명한 명제를 내면서 물질의 존재를 전적으로 부정하는 18세기 인식론적 경험주의자 버클리 Berkeley의 형이상학적 관념주의와 〈세계는 없어도 좋다〉라고 주장하는 롤티나, 〈별들은 자연적으로 영원히 존재하고 있는 것이 아니라 인간의 개념적 틀에 의해서 정말 문자 그대로 만들어

졌다〉라는 굿만 등의 현대판 관념주의적 형이상학, 즉 존재하는 모든 것의 성격은 오직 관념적이다, 라는 주장까지 낳게 한다. 이른바 모든 인식 대상, 객관적으로 존재한다는 세계는 인간이 그렇다고 생각하는 관념 세계와 따로 떨어져 존재하는 것이 아니라 인간이 생각하며 믿고 있는 세계 바로 그것에 지나지 않는다는 것이다. 형이상학적 관념주의는 몰라도 적어도 인식론적 관념주의의 요소는 합리주의 인식론과 경험주의 인식론을 극복하려 했던 칸트의 선험주의적 인식론에도 남아 있다. 칸트에 의하면 우리가 존재한다고 확신하는 소나무, 그것의 크기, 혹은 그 모양의 좋고 나쁨은 우리의 인식을 떠나 그 이전에 이미 객관적으로 존재하고 있는 것이 아니라 우리의 선험적 오성의 틀에 의해서 〈조립된〉 일종의 공산품에 지나지 않는다. 아직도 보지 않은 것을 보았다고 하거나 아직도 우리의 관념 속에 들어오지 않은 것이 존재한다는 주장이 잘못 되었음은 분명하다. 아무에게도 인식되지 않은 인식 이전의 존재를 논할 수 없음은 너무나 자명하다. 그러므로 인식론적 관념주의는 옳다.

그러나 롤티, 버클리, 그리고 어쩌면 칸트가 생각했던 바와는 달리 형이상학적 관념주의가 인식론적 관념주의에서 필연적으로 연역되어 나오지는 않는다. 인식론적 차원에서 볼 때 존재의 확인이 누군가에 의한 그것의 인식 이전에는 논리적으로 불가능하더라도, 인식 이전의 것 혹은 인식되지 않은 것은 존재할 수 없고 따라서 존재하는 것은 오직 인식된 것 즉 인간의 관념 혹은 신념만이라는 결론은 나오지 않

과학과 존재

는다. 인식 이전 즉 인식되지 않더라도 무엇인가가 존재할 수 있는 가능성은 언제나 있다. 한마디로 존재는 인식 즉 신념에 완전히 흡수되지 않는다. 인식되지 않은 어떤 존재를 존재한다고 주장하는 것이 인식론적으로 모순인 것과 똑같이 내가 생각하고 내가 믿는 것이 곧 존재한다, 라는 논리도 역시 인식론적으로 모순이다. 인식 혹은 신념이라는 개념은 인식 주체자의 의식과 필연적으로 독립된 객관적 존재를 논리적으로 전제한다. 만일 관념주의자가 주장하는 대로라면 무엇인가를 새롭게 발견하기 위해서 밖으로 찾아다니고 실험하고 검증할 필요가 전혀 없다. 그러나 이런 결론은 과학에 의해서 증가된 자연 현상에 대한 방대한 지식을 설명하지 못한다. 과학이 들려주는 이야기가 동화나 소설의 이야기와 다른 점은 전자가 사실에 관한 것이라는 데 있다. 이런 점에서 본다면 관념론은 틀리고 실재론이 옳다.

그러나 형이상학적 실재론이 존재 자체의 표상 가능성을 주장한다면 이런 실재론은 인식론적으로 보아서 논리적으로 불가능하다. 어떠한 사물 현상에 대한 어떠한 인식도 인식자의 의식 구조, 그가 사용하는 언어 구조를 떠나서는 불가능하기 때문이다. 과학적 표상 즉 지식이 신빙성있고 객관적이라서 사물 현상에 대한 과학적 설명을 아무리 진리라 불러도 그것은 사물 현상에 대한 한가지 서술 방식에 지나지 않지 사물 자체를 표상하지는 않는다. 모든 과학적 지식 즉 설명은 자연의 모든 현상이 기계적 인과법칙에 의해서 작동되고 있음을 전제하지만 양자역학은 극히 미시적 차원에서는 그러한 전제가 잘못임을 과학적으로 증명했다.

관념주의와 실재주의가 다 똑같이 한편으로는 설득력이 있으면서도 그와 동시에 다른 한편으로는 잘못 되었다면 그것들 가운데 꼭 한 입장을 택할 수는 없다. 사물 현상에 대한 표상, 특히 가장 신뢰할 수 있다는 과학적 표상은 사물 현상에 대해 반드시 무엇인가를 이야기하고 있기는 하지만 그러나 그 이야기가 사물 현상 자체를 우리에게 보여주지는 않음을 인정해야 한다. 존재와 인식 간의 관계는 사물 현상과 욕심 많은 마이다스왕의 관계에 비유될 수 있다. 마이다스의 손에 닿는 물건들은 금으로 변형된 것이기는 하나 그것은 마이다스가 마음대로 만들어 낸 것이 아니라 반드시 무엇인가의 사물의 변화이다. 이러한 사실은, 과학만이 사물 현상에 대한 객관적 지식을 준다 인정하더라도, 과학적 지식이 존재 자체의 복사를 뜻하지 않음을 상기시킨다. 하이젠베르크 W. K. Heisenberg의 〈불확정성의 원리〉는 미시적 차원에서는 어떤 물리 현상도 결정적으로 서술할 수 없음을 과학적으로 증명해 준다. 첨단 과학 이론인 양자역학은 극히 미시적 차원에서 나타나는 물리 현상은 기계적 인과법칙에 의해 지배되지 않음을 입증했다. 이러한 사실은 과학기술이 전제하고 있는 기계론적 세계관이 물리 현상에 대한 유일한 시각이 아니며 그 밖의 다른 관점이 가능함을 말해 준다.

인식과 존재 간의 이런 관계는 곧 자연과 인간의 관계에도 똑같이 적용된다. 빛의 현상이 파장과 입자로 다같이 서술되듯이 자연과 인식 간의 관계는 관념론적 형이상학과 실재론적 형이상학으로 다같이 설명될 수 있다. 과학기술이 전제하는 기계론적 결정론 즉 유물론적 형이상학은 존재 일반에 관한 결정적이고 유일한 관점일 수 없다.

5 과학기술

　과학기술이 현대인에게 미치는 영향력의 막중한 중요성을 의식하지 못할 사람은 아무도 없다. 그렇다면 과학기술이 무엇인가를 정확히 파악하는 작업은 그만큼 중요하다. 그러나 과학기술이 무엇인가를 투명하게 이해하고 있다고 확신하는 이는 극히 드물다. 〈과학〉이라는 개념과 별도로 〈과학기술〉이라는 개념이 존재하는 이상 그것들이 똑같은 의미를 갖지 않음에 틀림 없지만 이 두 가지 말들을 일반인들은 물론 전문가들도 흔히 혼동해서 사용하고 있다. 그러므로 과학기술의 의미를 올바르게 이해하기 위해서는 그것과 과학이라는 말의 관계를 분석하는 작업이 먼저 필요하다.

　〈과학〉은 〈앎〉을 뜻한다. 그러나 앎은 이론적인 것과 실천적인 것으로 분리된다. 전자의 경우 앎은 사물 현상에 대한 관념적 표상을 지칭하는 것으로 지식이라는 의미를 가지지만, 후자의 경우 앎은 어떤 목적을 수행할 수 있는 구체적 능력을 가리킴으로써 기술이라는 의미를 갖는다. 개나리

꽃, 혹은 철학을 안다고 할 때의 앎은 지식으로서의 앎의 사례가 되고 노래를 할 줄 안다 혹은 떡을 만들 줄 안다고 할 때의 앎은 기술로서의 앎의 사례가 된다. 과학적 앎을 말할 때도 마찬가지여서 그것은 이론적 즉 지식으로서의 앎과 실천적 즉 기술로서의 앎을 함께 포함하지만 그 두 가지 앎은 결코 동일하지 않다. 양자역학을 안다 할 때, 그것은 이론적 앎 즉 지식적 앎을 의미하지만 원자폭탄을 만들 줄 안다 할 때, 그것은 실천적 앎 즉 기술을 의미한다. 과학이라는 말이 원래 이론적 앎 즉 지식을 의미하지만, 과학에서의 이론적 앎과 실천적 앎, 즉 지식으로서의 과학과 기술로서의 과학의 혼동을 피하기 위해서 이 글의 맥락에서는 가능하면 〈과학〉이라는 말을 빼고 그 자리에 〈과학지식〉과 〈과학기술〉이라는 두 낱말을 대체하여 사용함이 바람직하다.

과학지식과 과학기술의 뜻이 동일하지 않음에도 불구하고 대부분의 사람들에게 그것들은 막연하나마 다같이 과학기술을 의미하는 성싶다. 왜냐하면 그들에게 과학, 과학지식 그리고 과학기술은 우선 기계 혹은 제품, 기물을 연상시킨 것으로서 기술의 뜻을 지니기 때문이다.

이러한 사실은 지식과 기술이 서로 뗄 수 없이 얽혀 있음을 암시한다. 이런 현상은 과학지식과 과학기술의 관계에서 더욱 두드러지게 나타난다. 사물 현상에 대한 믿음 즉 신념, 설명 혹은 이해를 통틀어 지식을 이룬다. 그러나 적어도 근대가 시작하면서 과학은 그 권위를 지속적으로 쌓아

왔으며 그것은 마침내 권위를 독점하고 그 밖의 모든 지식을 지배하는 데 거의 완전한 성공을 거두었다. 이런 사실은 우연한 일이 아니다. 이것은 지식으로서의 과학과 기술로서의 과학을 결코 혼동해서는 안되지만, 과학지식이 과학기술로 연결되지 않을 때 전자는 별로 큰 의미를 가질 수 없을지도 모른다는 것을 이야기한다. 지식과 기술의 밀착된 관계는 비단 과학 분야에 한정되지 않는다. 그런 관계는 어쩌면 모든 종류의 지식과 모든 종류의 기술의 관계에도 해당될 성싶다. 지식이 전제되지 않는 기술을 생각할 수 없다면 기술로 구상화되지 않는 지식도 그 가치를 충분히 발휘하지 못한다. 오늘날 학문 즉 지식으로서의 과학이 다른 분야의 신념 체계 위에 거의 절대적 권위를 갖고 군림하게 된 이유는 그것이 인간의 다양한 욕망을 만족시켜 주는 기술 개발로 연장된다는 사실에 있다. 과학기술이 현대 인류에게 결정적 중요성을 갖고 있다면 과학기술의 올바른 이해도 그만큼 중요하다. 과학기술이란 무엇인가. 그것은 과학지식과 어떤 관계를 갖고 있나. 이런 물음에 대답을 하기 위해서는 지식과 기술, 더 구체적으로 과학지식과 과학기술의 각기 개별적 의미를 규정하고 그것들 간의 관계를 명백히 해야 한다.

과학기술 자체는 어떤 구체적 사물을 지칭하지 않고 정해진 목적을 달성하는 능력만을 의미한다. 그러나 그런 능력은 구체적 사물을 만들거나 그것의 구체적 조작으로서 나타난다. 교량을 구체적으로 가설하거나 기관차 등을 만들어 보일 수 있는 사람만이 과학기술을 가졌다고 말할 수 있다. 이와 같은 제작품은 반드시 어떤 목적을 전제하고 그 목적 달성을 위해 사용될 수 있는 도구적 기능을 갖는다. 따라서 과학기술은 도구 제작 능력을 의미한다. 그 인공성이 일반적 수준을 넘는 복잡한 것일 때 도구는 〈기계〉라고 불린다. 따라서 과학기술은 도구적 기능을 하는 기계의 제작 능력을 간접적으로 지칭하게 된다.

한편으로 과학지식은 과학기술 즉 기계에 의존한다. 오늘과 같이 많은 고도의 과학지식은 기존의 과학기술 즉 기계 없이는 불가능했다. 또 다른 한편 많은 고도의 과학기술은 과학지식이 이미 존재하지 않았다면 불가능했을 뿐 아니라 생각할 수도 없었다. 이와 같이 과학지식과 과학기술은 서로 상보적으로 일종의 변증법적 관계를 갖고 있다. 물론 그것들의 관계가 논리적으로 동등하지는 않다. 과학지식은 과학기술을 필연적으로 전제하지는 않는다. 아인슈타인의 상대성 이론이 원자탄 제조에 이용되지 않았더라도 그의 이론 즉 그의 과학지식은 그 자체로서 자율적으로 당당하게 존재할 수 있다. 이와는 달리 아인슈타인의 이론 즉 과학지식이 없었다면 원자탄은 제조될 수 없었을 것이다. 과학기술은 과학지식을 필연적으로 전제한다. 그럼에도 불구하고 과학기술 없이는 오늘과 같은 고도의 과학 지식이 없었다는 것을 인정할 때 후자가 전자를 전제함을 알 수 있다. 따라서 과학 기술 특히 첨단 과학 기술은 실천적 즉 구체적인 동시에 이론적 즉 지적 의미를 갖는다.

　과학기술의 실질적 의미는 일종의 힘 즉 기술이며 지적 의미는 하나의 세계관 즉 형이상학이다. 과학기술은 힘을 의미한다. 과학기술은 과학지식의 적용에 불과하다. 적용이 어떤 목적을 전제하는 이상 과학기술은 어떤 목적 실현을 위해 구체적으로 사물에 적용된 과학지식이라고 정의할 수 있다. 기계는 바로 이렇게 생긴 공산품이며, 그것은 인간이 어떤 목적을 달성하는 데 힘이 된다. 베이컨이 〈앎은 힘이다〉라고 했을 때의 앎이라는 말은 과학기술로 구체화될 수 있는 지식을 의미한다. 왜냐하면 과학지식 자체는 지적 가치가 될 수 있지만 그 자체로서는 힘일 수 없고 과학기술로서 적용되었을 때 비로소 힘이 될 수 있기 때문이다. 과학지식을 과학기술로 전환시킴으로써 인간은 그만큼 자신의 힘을 증가해 왔다. 과학기술의 힘은 우주항공, 인공위성, 컴퓨터, 전자통신 그리고 풍요한 생활품으로 구체화 됐다. 자신이 만든 것이면서도 인간은 자신이 소유하고 있는 과학기술의 상상도 할 수 없는 힘에 스스로 놀라지 않을 수 없게 됐다. 어느 철학자가 말한 대로 신이 죽어서였는지 모르나, 오늘날 과학기술은 신만이 즐길 수 있는 힘을, 신을 대신해서 행사하고 있는 성싶다.

　과학기술은 힘만을 의미하지 않는다. 그것은 특정한 형이상학을 제시하며, 존재 일반에 대한 본질, 인간과 자연의 관계, 그리고 윤리적 문제를 재검토할 것을 요청한다. 과학기술은 유물론적 세계관을 내포한다. 날로 첨단화해 가는 과학적 탐구와 성공적인 과학기술은 기계론적 유물론이 단순한 철학적 가설에 그치지 않고 모든 존재의 객관적 사실일 수 있다는 생각을 굳힌다. 지각적 차원에서 무기물, 생물 그리고 정신의 세 가지 존재학적 구별은 혼동될 수 없다. 그러나 최근의 첨단 과학 즉 생화학, 유전공학, 인공지능 등의 탐구는 그런 존재들 간의 구별의 벽을 무너뜨리고 모든 존재가 엄격한 기계적 인과관계에 의해서 지배되고 있는 물질로 환원될 수 있음을 강력히 시사하고 있다. 만약 이런 유물론적 세계관이 존재의 객관적 사실을 나타내는 것이 아니라면 비행기, 위성 발사, 우주선, 컴퓨터 등을 비롯한 수많은 기계를 이해할 수 없다. 이런 유물론이 옳다면 생물만이 아니라 인간의 인공적 조작도 논리적으로 가능하다. 이런 결론이 옳다면 인간의 자유와 존엄성이 완전히 공허한 말에 불과하다고 할 수밖에 없고 더 나아가서 모든 윤리적 개념이 무의미하게 된다. 이처럼 과학기술에 함의된 형이상학적 결론은 감당할 수 없는 지적 당혹감으로 우리를 흔든다.

그렇다면 먼저 힘으로서의 과학기술이 제기하는 실천적 문제를 검토해 보자. 과학기술이 가공할 만한 힘을 제공하고 당혹스러운 세계관을 제시한다면 우리는 과학기술에 어떻게 대처해 가야 할 것인가. 이 물음은 사념적이 아니라 실천적인 대답을 요청한다. 그것은 과학기술이 갖고 있는 놀라운 힘을 어떻게 사용해야 하는가에 대한 대답을 찾는다.

과학기술의 힘에 대해 가질 수 있는 태도는 긍정적이거나 부정적이다. 먼저 긍정적 측면을 인정해야 한다. 과학기술이 인류에게 이바지한 공헌에 눈 감을 수 없다. 과학기술은 적지 않은 수의 인류를 기아와 여러 질병으로부터 해방하여 삶의 많은 고통을 덜어 주었고 적지 않은 경우 물질적 풍요까지도 마련해 주었다. 그와 더불어 과학기술은 보다 평등하고 정의로운 사회를 구축하는 데 기여했다. 과학기술의 힘으로 인류는 지구만이 아니라 현재는 우주를 정복하면서 자신의 다양한 욕망을 충족시키고 있다. 과학기술의 이와 같은 긍정적 힘을 부정할 사람이 있다면 그는 구체적 사실에 눈을 돌리고 잠자고 있거나 아니면 거짓말쟁이임에 틀림없다. 이런 사실을 감안할 때 과학기술의 가치는 더욱 높이 평가되고 과학기술은 더욱 개발되어 마땅하다.

그럼에도 불구하고 과학기술의 수준이 초보적인 시대부터 그것은 이미 적지 않은 수의 시인, 예술가, 종교인 그리고 철학자에게 부정적 반발을 일으키고 때로는 저주까지도 받아 왔다. 인간에게 물질적 향상을 가져오는 과정에서 과학기술은 자연 환경을 바꿨고 마침내 그것을 훼손하는 결과를 더불어 가져왔음을 의심할 수 없게 된 현재 세계의 상황을 의식할 때 낭만적으로만 보였던 위와 같은 사람들의 직관이 놀라운 것이었음을 인정하게 된다. 현재 과학 문명의 실정은 과학기술을 경고했던 시인들이나 낭만주의자들의 직관이 옳았음을 입증한다. 그 증거는 날로 황폐해가는 논과 밭과 산, 날로 더 썩어가는 개천과 바다, 그리고 숨쉬기 어려워질 만큼 날로 탁해지는 공기로 나타난다. 조금의 상식이 있는 사람이라면 누구라도 오늘날 공해로 지구 생태계가 파괴되어 가고 그 결과 인류는 물론 지구상의 온 생명이 멸종될 위협 속에 놓여 있음을 의심하려는 이는 없을 것이다. 이러한 오늘의 상황이 무모한 개발의 결과요 그러한 개발이 산업화를 의미하며 놀라운 과학기술의 개발이 없었다면 산업화가 불가능했을 것이라는 논리를 따라 갈 때 우리는 과학기술이 내포하고 있는 엄청나지만 소름 끼치지 않을 수 없는 부정적 힘에 무감각할 수 없다. 그렇다면 최근 환경 보호론자들이나 일부 사회사상가 혹은 철학자들의 과학기술에 대한 높아지는 경계의 목소리에 귀기울여야 함은 너무나 당연하다. 과학기술이 어느 측면에서 볼 때 부정적 힘을 발휘하고 있는 것만은 사실이다. 그렇다면 과학기술을 전적으로 부정하고 과학기술 이전의 과거를 동경하며 그러한 사회를 지향할 것인가.

과학기술은 분명히 가공할 만큼의 힘을 갖고 있다. 그 힘은 인류의 관점에서 볼 때 긍정적이며 동시에 부정적이다. 한 과학기술을 상징하는 원자력은 우리에게 절대적으로 필요한 에너지를 제공할 수 있지만 그와 동시에 가공할 파괴력을 발휘할 수도 있다. 그러나 그 에너지 자체는 가치 중립적이다. 그것이 건설적이냐 아니면 파괴적이냐 하는 것은 그것을 인간이 무엇을 위해 어떻게 사용하느냐에 전적으로 달려 있다. 과학기술의 힘은 도구적일 뿐이다. 그럼으로 과학기술을 둘러 싼 문제는 도구로서의 과학기술을 어떻게 사용하느냐에 달려 있으며, 그러한 결정은 결국 인간의 선택

문제이다. 문제는 어떻게 현명한 선택을 하느냐에 있다. 현명한 선택은 현명한 사실 파악을 전제한다. 여기서 현명한 사실 파악은 객관적 사실에 입각해서 부분만 보지 말고 전체를 보는 안목이며, 당장 쓴 약이 생명을 건질 수 있다는 사실을 인식하는 능력이다. 과학기술의 힘을 무조건 찬양한다는 것은 그것을 무조건 저주하는 것과 똑같이 어리석다.

둘째 과학기술이 제기하는 지적 문제를 고찰해 보자. 과학기술이 명백히 보여준 객관적 사실의 하나는 인간이 우주는 물론 지구의 주인도 아니며 중심도 아니고 자연도 인간의 소유물이 아니라는 사실이다. 과학기술의 결과 인간은 자연의 한 작은 일부이며, 한 과정에 지나지 않는 존재로서 고립적으로 독립된 존재가 아니라 모든 존재와 뗄 수 없이 얽혀 있음을 깨닫게 됐다. 바로 이러한 사실에 비추어 과학기술의 가공할 힘은 현명하게 사용될 수 있다.

그렇다면 과학기술이 전제하고 내포하는 형이상학적 비전과 그것이 제기하는 윤리 문제에 대해서는 어떻게 대답할 수 있는가. 두 가지 대답이 가능하다.

그 하나는 이렇다. 과학기술이 암암리에 전제하는 것이 기계론적 유물론이지만 그러한 사실이 생명, 정신 그리고 인간의 자유 등의 존재를 논리적으로 부정하진 않는다. 존재 일반에 대한 어떤 인식 즉 서술이 옳다고 할지라도 그 서술은 필연적으로 여러 가지 가능한 관점에 따라 다양해질 수 있는 서술 가운데 단 하나의 서술에 불과할 수밖에 없다. 왜냐하면 어떤 인식 즉 서술이건 간에 모든 서술은 필연적으로 어떤 특정한 관점에서의 서술이기 때문이다. 그래서 과학적 서술도 역시 다양한 서술 중의 하나의 서술에 불과하다. 이러한 사실은 과학기술이 지배하는 현재에도 종교, 예술 그리고 철학이 아직도 건재하고 있으며 한편으로는 그러한 것이 더욱 요청되고 있다는 것으로 알 수 있다. 달리 말해서 동일한 존재에 대한 서로 다른 여러 가지 서술들이 다같이 동시에 옳을 수 있다는 말이다. 과학기술이 전제하는 유물론적 형이상학이 옳다고 해도 그것은 오로지 과학적 관점에서 그런 것으로 볼 때만 그렇다. 다른 관점에서 볼 때 생명, 의식 그리고 인간은 완전히 물질로 환원될 수 없을지도 모르고 따라서 인간의 자유와 윤리적 경험이 그 의미를 가질 수 있다. 그렇다면 과학기술을 어떻게 대하며 그것이 전제하는 세계관을 어떻게 맞이하고 구체적으로 어떻게 살 것인가의 문제는 결국 우리 자신의 실존적 결단에 달려 있다. 이런 결단은 과학의 가치 문제로서 제기된다.

6 과학의 가치

과학의 가치는 무엇인가. 이 물음에 대답은 가치라는 말의 뜻에 대한 명확한 이해를 전제로 한다. 가치라는 말은 그냥 존재를 지칭하는 개념이 아니라 평가적 개념이다. 공기, 물, 보석, 바다 등과 같이 감각적 존재이거나 신념, 수치, 논리법칙, 과학법칙, 철학체계 등과 같이 관념적 존재이거나 상관 없이 그것이 어떤 것이든 존재 자체가 가치는 아니다. 가치는 존재 자체가 아니라 어떤 주체자에 의해서 그런 존재에 부여된 평가이다. 가치는 주체자와 그 대상 즉 어떤 존재와의 평가적 관계의 맥락에서만 의미를 가지며 가치 평가의 주체자는 욕망의 소유자이다. 주체자의 욕망이 없다면 주체자와 그 대상의 평가적 관계는 생기지 않았을 것이며 그와 아울러 가치라는 개념은 존재하지 않았을 것이다. 주체자 더 정확히 말해서 주체자의 욕망은 가치의 원천이다.

인간을 포함한 모든 동물은 각기 자기 나름의 주체자이며 욕망의 소유자로 볼 수 있다. 인간은 존재하지 않고 단 하나의 동물만 존재하더라도 가치라는 말은 의미를 갖게될 것 같다. 그러나 인간을 제외한 어떤 동물과도 가치를 이야기할 수는 없다. 절대 주체자로서 신의 가치도 이야기할 수 없다. 왜냐하면 적지 않은 사람들에게 신은 지각은 물론 이해의 대상도 될 수 없으며 그의 존재 자체마저도 의심스럽기 때문이다. 그러므로 인간이 인간의 의식 밖에 놓여 있는 어떠한 존재를 혹은 그 존재의 가치를 따진다는 것은 전혀 의미가 없다. 가치는 인간의 출현과 더불어 비로소 나타난다. 〈인간은 가치를 분비한다〉라는 사르트르의 말은 바로 위와 같은 문맥에서 이해된다. 요컨대 가치는 필연적으로 언제나 인간 상대적이다.

상대성이란 말은 두 가지 서로 다른 의미로 이해된다. 첫째 상대성은 독자성 혹은 자율성과 대립되는 개념으로 비독자성 혹은 비자율성을 뜻한다. 이런 뜻에서 자식이라는 개념과 부모라는 개념은 서로 상대적이며, 상대성 이론에 있어서 시간과 공간이라는 각기 다른 존재는 서로 상대적이다. 둘째 상대성은 다원성 혹은 복수성을 뜻한다. 이런 경우 상대성은 보편성 혹은 절대성과 대립된다. 요리 양식, 의복의 스타일, 도덕적 규범, 심미적 감수성, 세계관 등은 사회, 시대 그리고 사람에 따라 다를 수 있고 많은 경우 실제로 그렇다. 이런 관점에서 자연 현상의 보편성에 대립해서 문화 현상의 상대성을 말할 수 있다.

가치는 첫째의 뜻에서 언제나 상대적이다. 주체자의 의식과 욕망을 떠나서 가치라는 개념을 생각할 수 없는 이상 모든 것의 가치는 다같이 필연적으로 상대적이다. 그러나 가치는 둘째번 뜻으로 볼 때 반드시 상대적이어야 할 근거는 없다. 만일 모든 사람의 욕망과 심미적 혹은 그 밖의 것에 대한 기호가 한결같이 똑같은 어떤 대상에 대한 가치 평가는 동일할 것이며 따라서 그 대상에 대한 가치 평가는 보편성을 갖게 될 것이다.

가치를 상대적인 것과 보편적인 것으로 분류할 수 있다면 그것은 또한 내재적인 것과 외재적인 것으로 구분할 수 있다. 한 대상의 내재적 가치는 그 대상이 존재한다는 그 자체만으로 갖고 있는 가치다. 어떤 대상은 그 자체만으로 좋거나 나쁘고, 아름답거나 추하고, 옳거나 그릇된 것일 수 있다. 즐거운 경험은 그 자체만으로 가치가 있으며 어둠을 벗겨 주는 빛, 인간의 의식을 밝히고 맑게 하는 지식은 그 자체만으로도 귀중하다. 이와는 달리 한 대상의 외재적 가치는 그 대상 자체가 귀중해서가 아니라 귀중하다고 생각되는 어떤 목적을 위한 수단이기 때문이다. 따라서 그 목적이 어떤 것이냐에 따라 한 사물 혹은 한 행동의 가치는 달라진다.

먼저 과학지식의 가치를 검토하자. 과학지식의 가치는 내재적이며 동시에 보편적이라는 뜻에서 외재적 즉 상대적이 아니다. 지식 즉 앎을 인간의 의식을 밝게 비추어주는 등불에 비유할 수 있다면 그 빛은 어떤 목적을 위한 수단이나 방법으로 사용되기 전, 그리고 그러한 도구성을 완전히 떠

과학의 가치

나서 그 자체만으로서 우리를 기쁨으로 채운다. 물리학의 이론을 동원하여 어떤 기계를 만드는 데 사용하든 말든 상관없이 그런 이론을 알 때의 기쁨은 자명하다. 철학을 이해할 때 그 지식을 갖고 취직할 수 있든 말든 상관 없이 우리는 정신적 환희를 경험한다.

그러나 위와 같이 해석된 내재적 가치라는 개념 자체를 부정하는 입장이 있을 수 있다. 이런 입장에서 볼 때 가치는 필연적으로 외재적 즉 도구적일 뿐이다. 지식을 어둠을 밝히는 빛에 비유할 수 있다면 그것이 주는 기쁨 즉 가치는 빛 그 자체가 기쁨의 원천이어서가 아니라 그 빛이 우리의 삶에 도움이 되기 때문이라고 주장할 수 있다. 이런 입장에서 진리의 순수성 즉 지식의 순수한 가치를 부정하고 모든 가치를 도구적으로 보려는 극단적 실용주의 철학의 주장이 설득력을 갖는다. 그러나 이러한 극단적 실용주의는 그것의 실용성과는 아무 상관 없는 물리 현상의 원리를 알거나 어려운 수학 문제를 풀었을 때의 기쁨을 설명하지 못 한다. 이러한 기쁨은 그런 지식을 이용해서 다른 것을 만들거나 혹은 다른 문제를 해결할 때 느낄 수 있는 기쁨과 엄연히 구별된다. 그래서 내재적 가치의 독자성은 인정되어야 하며 그 가치는 외재적 가치와 반드시 구별되어야 한다. 그러므로 지식의 외재적 가치를 부정하지 않더라도 그것의 내재적인 가치도 별도로 인정해야 한다. 모든 지식이 그 자체로서 내재적 가치를 갖고 있다면, 가장 신뢰할 만한 지식으로 자처하는 과학지식도 내재적 가치를 갖고 있음을 새삼스럽게 지적할 필요가 없다. 그리고 이러한 내재적 가치는 정도의 차이는 있지만 모든 인간에 공통적이라는 점에서 상대적이 아니라 보편적이다. 지식이란 빛이 밝으면 밝을수록 정상적인 모든 사람은 정상적 상황에서 예외 없이 보편적으로 그만큼 더 짙은 기쁨을 느끼는 사실에서 눈을 돌릴 수 없다. 이런 시각에서만 보더라도 지식 전수와 계발로서의 과학 교육의 가치는 아무리 강조해도 충분치 않다.

지식으로서의 과학 즉 과학지식의 가치에 대한 대답을 얻었다 하자. 그렇다면 기술로서의 과학 즉 과학기술의 가치는 어떤가. 내재적 즉 자율적인가 아니면 외재적 즉 도구적인가. 보편적인가 아니면 상대적인가. 과학기술의 가치는 그것이 내포하고 있는 힘의 가치다. 힘은 그것이 어떤 것을 이룩할 수 있는 목적에 비추어서만 의미를 갖는다. 그리고 우리가 이룩하려는 목적은 우리의 필요에 따라 달라진다. 따라서 과학기술의 가치는 필연적으로 외재적 즉 도구적이며, 또한 그러한 도구적 가치는 필연적으로 상대적이다.

과학기술의 힘은 무한에 가깝다. 만 명 아니 수백 만 명이 평생할 수 없는 일도 과학기술을 이용할 때 하나의 단추만 누르면 몇 시간이면 해낼 수 있다. 그것은 첨단 과학기술로 이루어진 현재의 산업 사회의 생활양식을 잠깐이라도 반성하면 알 수 있다. 그것은 산을 쉽게 깎아 돌로 만들 수도 있고 고층 건물로 숲을 이룬 현대 도시를 건설할 수도 있고 히로시마에서 목격했듯이 그러한 도시를 눈깜짝할 사이에 잿더미로 바꾸어 놓을 수도 있다.

과학의 가치

　그러나 그 힘이 어떻든 간에 과학기술의 힘은 그 자체로
서 가치 중립적이다. 그 자체로서 좋고 나쁜 가치란 있지
않다. 힘을 의미하는 과학기술의 가치는 내재적일 수 없다
는 말이다. 그것에 가치가 있다면 그 가치는 오로지 외재적
즉 도구적일 뿐이다. 그러므로 과학기술의 가치는 그런 기
술과는 논리적으로 독립된 어떤 목적에 전적으로 의존한다.
그것이 어떤 목적에 사용되느냐에 따라 그것의 가치는 긍정
적 즉 건설적일 수도 있고 그와 똑같이 부정적 즉 파괴적일
수 있다.

　과학기술 자체를 무조건 긍정적으로 구가하는 것이나 무
조건 부정적으로 규탄하는 것은 전혀 의미가 없다. 그러므
로 과학기술의 가치에 대한 문제는 그것을 도구로 이용하여
달성하고자 하는 우리의 목적에 관한 문제에 지나지 않는
다. 우리의 목적이 건설적일 때 과학기술은 비로소 긍정적
가치를 갖게 되고 우리의 목적이 파괴적일 때 그것은 부정
적 가치를 지니게 된다. 어떤 목적을 추구하느냐에 따라 전
혀 다른 과학기술과 그리고 전혀 다른 과학지식이 개발될
수 있다. 이런 지점에서 과학기술의 문제는 목적을 설정하는
문제로 귀착한다. 목적의 선택을 전제함으로써 과학기술의
문제는 목적 선택의 문제로 연계된다. 어떤 목적을 선택하
느냐에 따라 똑같은 과학기술의 도구적 가치가 전혀 달리
부여될 수 있기 때문이다. 그러나 목적 선택의 문제는 보다
더 복잡하다. 목적 자체가 내재적 가치일 수 있지만 우리가
일상생활에서 선택한 대부분의 구체적 목적은 사실상 도구

적 가치만을 갖고 있기 때문이다.

　도구적 가치가 목적에 의해서 비로소 결정될 수 있다면 목적은 도구적 가치와 구별되어 필연적으로 내재적 가치를 갖는다. 과학기술의 가치가 인간의 복지라는 목적에 비추어 도구적 가치를 갖게 된다면 인간의 복지 자체는 과학기술에 부여된 가치의 외재성 즉 도구성에 비추어 볼 때 상대적으로 내재적 즉 자율적이다. 다시 말해서 복지의 가치는 외재성 즉 도구성에 비추어 볼 때 상대적으로 내재적 즉 자율적이다. 그러므로 복지의 가치가 과학기술의 가치 내용으로 나타남을 쉽게 이해할 수 있다. 그러나 모든 목적의 가치가 그 자체로서 자동적으로 내재적인 것만은 아니다. 한 목적은 상황에 따라 내재적인 것과 도구적인 것으로 분리된다.

　삶은 목적의 부단한 추구에 지나지 않는다. 삶이란 다양한 목적 추구의 끊임없는 활동의 총체적 명칭에 불과하다. 그리고 우리가 일생을 통해 추구하는 목적의 종류와 수는 허다하다. 그러나 그 중 거의 대부분의 목적은 내재적 가치를 갖지 않고 외재적 즉 도구적 가치만을 지니고 있다. 자동차를 만들 목적으로 여러 가지 과학기술을 동원한다. 동원된 과학기술의 가치는 자동차 제작이라는 목적에 비추어 도구적 가치를 갖는다. 이런 도구적 가치에 비추어 볼 때 자동차 제작이라는 목적은 내재적 가치이다. 그러나 우리는 자동차 제작의 가치를 물을 수 있다. 이 물음에 대한 대답은 교통의 편의라는 목적에 비추어서만 얻을 수 있다.자동차 제작에 동원된 과학기술의 도구적 가치를 마련하고 밝혀

준 목적 즉 자동차 제작 자체의 그 의미와 가치를 갖게 된
다. 여기서 그 가치는 오로지 도구적 성격으로 변하고 이런
도구적 가치에 비추어 교통 수단의 편의의 가치는 내재적
성격을 갖는다. 그러나 교통 수단의 편의의 〈가치의 가치〉
가 또다시 제기될 수 있다.

이와 같이 하여 목적과 수단, 내재적 가치와 외재적 가치
의 관계는 끝없이 연쇄될 수 있다. 그러나 위와 같은 목적
과 수단, 즉 내재적 가치와 외재적 가치 간의 연쇄적 고리
를 벗어나서 그 자체의 존재만으로서 내재적 가치만을 가진
목적이 전제되지 않는다면 그 밖의 모든 수단과 목적의 가
치는 그 의미를 아주 잃게 된다. 왜냐하면 모든 가치는 궁
극적으로 그와 같은 내재적 가치만을 가진 목적에 비추어서
만 이해될 수 있고 평가될 수 있기 때문이다. 과학기술 일
반의 가치도 예외는 아니다. 과학기술의 가치가 도구적 가
치밖에 없다면 그것은 오직 내재적 가치만을 가졌다고 보아
야 하는 어떤 궁극적 목적에 비추어서만 의미를 갖고 논의
되며 평가될 수 있다.

여기서 다음과 같은 문제가 제기된다. 첫째 과연 궁극적
가치가 인간의 삶에 전제되었는가. 둘째 그것이 실제로 있
다면 그것은 도대체 어떤 것인가. 셋째 그것을 어떻게 결정
해야 하는가.

첫번째의 답은 긍정적일 수밖에 없다. 가치의 개념을 내
포하지 않은 자연 언어는 존재하지 않는다. 가치의 개념은
언제나 모든 인간 활동에 적용되고 있다. 그리고 앞서 지적

했듯이 가치의 개념은 내재적 가치만을 가진 목적을 전제한
다. 따라서 그렇게 전제된 목적은 마땅히 존재한다고 봐야
한다.

　그렇다면, 둘째 그런 목적 즉 오로지 내재적이기만 한 가
치는 무엇이냐는 물음에 대한 답도 비교적 간단해 보인다.
내재적 목적 즉 가치는 인간이 인간답게 사는 것 이외의 딴
것일 수 없다. 여기서 간단해 보였던 문제는 극히 복잡해진
다. 〈인간답게 산다〉는 것이 구체적으로 무엇인가를 결정하
지 않으면 위와 같은 일반적 대답은 너무나 추상적이고 따
라서 공허하기 때문이다.

　여기서 우리는 세번째 물음에 부딪히게 된다. 이 물음에
대해 두 가지 입장을 생각할 수 있다. 가치는 필연적으로
주관적이기 때문에 모든 사람들에게 공통적인 객관적 삶의
목적 즉 객관적 인생관을 결정함은 논리적으로 무의미하다
는 입장이 있을 수 있다. 사실 사람들이 추구하는 삶의 구
체적 목적은 서로 다르고 때로는 서로 상충한다. 어떤 이는
한국의 대통령을 삶의 목적으로 세우고, 어떤 이는 세계적
재벌을 삶의 궁극적 가치로 삼고, 어떤 이는 자기가 사랑하
는 사람과 하룻밤만이라도 함께 지낼 수 있는 것을 지상의
목적으로 믿고, 또 어떤 이는 모든 것을 희생하더라도 단
한 편이나마 정말 자기가 만족할 수 있는 시를 쓰고 싶어
한다.

　이런 입장과는 달리 개인적 주관을 초월한 보편적 삶의
가치, 즉 객관적으로 결정할 수 있는 옳은 인간으로서의 삶

의 가치가 있다는 입장을 주장할 수 있다. 만약 이런 가치가 존재하지 않는다면 모든 종류의 가치 판단은 궁극적으로 불가능하기 때문이라는 것이다. 한 인간이 추구하는 구체적 목적이 그 개인에 의해서 자율적으로 결정된다 해도 그러한 자유는 그 자신이 혼자 마음대로 결정할 수 없는 생리학적, 사회적 그리고 더 나아가서는 우주적 원리에 의해서 결정된다. 동물로서가 아니라 인간으로 태어났기 때문에 나는 동물과는 다른 것을 욕망하게 된 것이 아니겠는가. 그러므로 위와 같은 보편적 가치는 반드시 존재해야만 한다. 이런 가치만이 유일한 절대적 내재 가치이다. 모든 것의 가치, 모든 가치의 가치는 이런 절대적 가치에 비추어서 도구적 가치로서만 의미를 갖는다.

과학의 가치도 예외일 수 없다. 그렇지만 절대적 즉 내재적 가치가 구체적으로 무엇인가, 그것을 어떻게 발견하는가의 인식적 문제가 생긴다. 여기서 우리는 우리의 인식적 한계라는 벽에 부딪친다. 아무도 결정적인 대답을 절대적으로 자신있게 제공할 수 없다. 그럼에도 불구하고 다음과 같은 점만은 확신있게 지적할 수 있다. 과학기술과 인류의 관계는 마약과 마약 중독자와의 관계에 비유된다. 과학의 가치를 평가함에 있어 우리는 목적과 수단, 내재적 가치와 도구적 가치를 전도하기 쉽다. 그런 잘못을 피하려면 우리는 나를 넘어 내 민족을, 민족을 넘어 인류를, 인류 뒤에 지구를, 지구를 초월해서 우주라는 대자연을 보아야 하며, 눈앞의 순간적 쾌감에 눈멀지 말고 삶의 궁극적 의미를 다시 한

번 생각해 보아야 한다. 인류의 존속만을 위해서도 그렇다. 삶의 궁극적 가치를 찾는 문제는 오직 인간 자신의 결정에 달려 있다. 결국 우리의 운명은 오로지 우리의 선택에 달려 있다. 오직 우리만이 우리 운명의 주인이며 책임자이다.

제 2 부 과학과 문화

1 과학기술, 그 적응과 도전
—— 20세기말 사상적 및 철학적 상황과 전망

1 과학기술 세계

과거에는 똑같은 역사적 시점에서도 지구상의 모든 사회가 다같이 똑같은 생활 여건을 갖지 못했다. 500년 전 서양과 동양은 서로 상관 없이 다른 세계관과 정치, 경제 그리고 기술적 여건 아래 있었다. 100년 전까지만 해도 이른바 문명화한 사회와 원시적 사회의 삶의 여건과 양식은 서로 전혀 달랐다. 지구상에는 서로 이질적 사회가 수많이 존재했다. 여러 〈세계〉가 있었던 것이다. 그러나 고도로 발달된 정보 시대인 오늘날에는 세계 어느 사회이건 그 밖의 세계와 완전히 독립해서 존속할 수 없게 되었다. 한 곳에서 일어나는 사건이 순식간에 전 세계로 전달되고 한 곳에서 택해진 하나의 정치적 행위가 지구의 모든 사람들에게 간접적으로 영향을 미치게 마련이다. 일부 산업사회에서만 원인을 찾을 수 있었던 공해는 이미 지구 전체의 문제로 변했다.

싫든 좋든 이제 세계는 하나다.

한 사회의 사상과 철학은 그 사회가 놓여 있는 특수한 여건에 대한 그 사회에 사는 사람들의 관념적 적응과 도전의 표현이다. 20세기말 하나가 된 사회로서의 세계의 사상과 철학은 이 시대의 인류가 이 시대의 세계적 삶의 여건에 적응하며 도전하는 양상에 지나지 않는다. 이러한 양상은 삶의 여건에 따라 달라질 수밖에 없다. 세계의 사상사 혹은 철학사는 시대와 지역에 따라 다양한 삶의 여건에 대한 인간의 상이한 적응과 도전의 흔적이라 볼 수 있다. 그러므로 20세기말의 사상과 철학의 모습을 묻는다는 것은 세계적인 차원에서 볼 때 인류가 처한 공통된 그러면서도 과거와는 다른 삶의 여건이 조성되어 가고 있음을 전제한다.

그 새로운 구체적 여건은 무엇보다도 먼저 과학기술이다. 물론 과학기술은 과학지식을 전제한다. 오늘날 뜻하는 과학지식의 틀이 형성된 것은 물론 20세기의 새로운 현상이 아니다. 그것은 이미 16세기 코페르니쿠스, 갈릴레이에서 시작되었고 17세기 데카르트적 철학의 뒷받침을 받으면서 18세기 뉴턴에서 확고한 자리를 굳혔다. 신학적 자연관을 대체한 과학적 세계관, 그리고 과학기술은 처음으로 산업혁명을 일으켰다. 19세기 그리고 20세기에 걸쳐 과학지식과 과학기술은 지속적으로 놀라운 발전을 거두었다. 최근 40년간에 이루어진 과학기술의 발달과 그것이 사회와 개개인에게 미친 영향은 좋든 나쁘든 몇십 년 전까지도 상상조차 할 수 없었던 것이다. 컴퓨터로 상징되는 전자공학, 최근 급진

전을 보이는 유전공학에 의한 인공인간이나 인공지능의 가능성은 과학지식의 신빙성과 과학기술의 경이로우면서도 가공할 힘을 입증한다.

부단히 변천한 인류의 정치, 사회, 문화 그리고 역사적 원인을 종교 혹은 철학적 사상에서 찾을 수 있을지도 모른다. 아니면 마르크스식으로 경제적 여건과 계급 투쟁에서 발견할 수 있을지 모르나, 어쩌면 고대로부터 현재에 이르기까지 그것은 인간이 고안할 수 있었던 기술의 변화에서 보다 근본적으로 찾아질 수 있을 성싶다.

기술은 생활 조건을 바꾸고 사회적 인간 관계를 뒤집어 놓는다. 이런 삶의 여건 속에서 한 사회, 한 시대의 세계관, 자연관, 가치관 등도 마땅히 변하게 마련이다. 그렇다면 과학기술이 사상적 혹은 철학적 변천에 영향을 미칠 것임은 당연하다. 과학기술이 적어도 19세기부터 지속적으로 크게 발달되었다면 과학기술은 19세기나 20세기 전반의 사상이나 철학 사조를 설명하는 요인으로 보아야 할 것이다. 앞서 내가 전제한 바와는 달리 과학기술은 20세기말만의 특수한 사상 혹은 철학적 동향의 원인으로 볼 수 없을 것이다.

그러나 20세기가 끝나 가는 오늘날의 과학지식과 특히 그런 지식을 이용해서 고안한 과학기술은 기적에 가까운 그 엄밀성과 보급의 범지구적, 아니 우주석 보편싱에서 볼 때, 몇백 년 동안 같은 원칙에 의한 과학지식이요 과학기술이기는 하지만 질적으로 다르다고 보아 무방하다.

과학기술, 그 적응과 도전

　　19세기 그리고 20세기에 놀랄 만한 새로운 과학적 이론이 특히 물리학에서 두드러지게 발전됐지만 그런 이론에 바탕을 둔, 오늘날 볼 수 있는 바와 같은 각 분야에서의 새로운 발전들은 물론 기술 개발도 이루어지지 않았고 기술 상업화도 볼 수 없었다. 따라서 19세기도 니체나 키에르케고르 같은 철학자들이나 많은 작가들에 의해서 과학적 이론이 함의하는 기계적 세계관에 맹렬한 반발을 일으켰지만 과학기술의 개발과 그 상품적 실용화는 오늘의 사정과는 전혀 달리 일반 생활에 직접적으로 느껴지지 않았다. 그러나 현재 과학기술의 위력은 나날이 고도화하는 전자공학을 비롯한 여러 분야의 기술 개발, 중동전쟁에서 입증된 무기의 힘, 우주개발은 물론 그런 기술에 의한 물질적 풍요 등에서 구체적으로 나타났다. 지구 어느 곳의 그 누구도 이같은 과학기술의 직접적 혹은 간접적 영향을 벗어날 수 없게 되었다.

　　과학기술은 각 개인의 생활 양식이나 사회에 단순한 영향을 미치는 데에 그치지 않아 보인다. 세계의 역사가 바로 그러한 기술에 의해 지배되는 느낌이다. 사회주의 체제의 놀라운 붕괴의 원인까지도 정치적 이념 그 자체에 있다기보다는 궁극적으로 과학기술과 관계된다고 믿어진다. 사회주의 국가들의 붕괴는 구체적으로, 자본주의 국가와 과학기술 및 과학기술의 상품화를 둘러싼 경쟁에서 패배했음을 의미할 뿐이다. 지난 약 반세기에 걸쳐 거의 절대적이었던 서양의 지배력이 쇠퇴하고 그와 비례해서 동양은 물론 제3국의 국제적 비중이 높아지게 된 원인도 또한 과학기술에서 찾을 수 있다. 일본이 오늘날 경제적 그리고 그와 병행해서 정치적으로도 강대국이 될 수 있었던 원인은 과학기술의 신속한 도입과 개발, 그리고 그런 기술의 성공적 상품화밖에는 찾을 수 없다. 누가 뭐라 해도 오늘날의 세계가 과학의 틀에 갇혀서 과학기술에 지배되고 있다는 사실에 눈감을 수 없다. 유일한 객관적 진리는 과학적 진리인 것 같고 가장 신뢰할 만한 세계관 또한 과학적 세계관인 것 같이 보이게 되었다.

2 과학적 세계관의 의미

과학적 세계관은 20세기말의 특수한 몇 가지 결과를 필연적으로 함의하고 있음이 드러났다.

첫번째 결과는 인간 중심주의적 세계관이다. 과학적 세계관은 결정론적 형이상학을 전제한다. 결정론에 따르면 모든 자연 현상은 정확한 기계와 같이 엄격한 인과법칙에 의해서 움직이는 물리 현상에 불과하다.

인간 외의 모든 현상이 인과법칙에 의해 지배된다 해도 인간만은 자연과는 달리 특수한 존재로서 인과법칙의 지배를 받지 않는 예외적 존재라고 오랫동안 확신해 왔다. 동물까지를 포함해서 이 세상에 존재하는 모든 존재들의 동작이 기계의 원리에 의해서 설명된다고 확신했던 17세기 철학자 데카르트도 인간만은 그러한 기계와는 전혀 별도의 존재라고 주장했다. 인간이 그 밖의 존재와 다른 이유는 그것이 정신적 존재, 즉 이성을 가진 존재이기 때문이라는 것이다. 과학적 지식을 신봉하는 오늘날 대부분의 사람도 아직까지는 인간을 일종의 기계로 보기를 거부하면서 인간은 그의 속성인 이성 때문에 전혀 별개의 존재라고 믿고 있고, 그렇게 믿고자 애쓴다.

이러한 우리들의 태도는 인간으로서의 우리가 언제나 물질은 물론 인간 외의 동물보다 우수한, 따라서 존엄한 존재라는 긍지를 버리지 못한 데에서 기인한다고 짐작된다.

그러나 우리들의 바람과는 달리, 최근의 고도로 발달된 과학적 전문 지식의 증진과 기술 개발은 인간도 다른 동물들과도 물론 사물들과도 근본적으로 다를 바가 없다는 것을 구체적으로 입증하는 것 같이 보인다. 인지공학이 성공해서 인간과 같은 아니 그 이상의 〈사고력〉을 갖고 있는 로보트를 만들고, 또 유전공학의 발달로 인간을 복제해 낼 수 있다면 인간은 동물 아니 더 나아가서는 물건과 다르다는 근거 역시 무너질 것 같다. 인간을 그 밖의 모든 현상들로부터 구별하는 특수한 속성이 의식, 그리고 의식의 활동으로서의 사고력에 있다지만, 그것이 뇌세포의 작동으로 설명되고, 뇌세포의 작동이 미립자 물리학에 의해서 인과적으로 설명될 수 있다면 물질적인 것, 육체적인 것과는 전혀 다른 속성으로 믿어 왔던 의식 현상이나 사고 능력도 하나의 기계적 작용으로 볼 수밖에 없을 것 같다. 비록 그 기계가 상상할 수 없을 만큼 복잡한 것이라 해도 원칙적으로는 역시 틀림없을 것이다.

이와 같이 오늘날 우리가 알고 있는 과학지식과 우리가 목격하고 있는 과학기술은 인류가 오래도록 버리지 못했던 인간 중심주의를 포기하지 않을 수 없게 만든다. 어떤 문화, 어떤 국가가 세계 문화 그리고 인간 사회의 중심이 될 수 없는 것과 똑같이, 인간은 자연과 떨어져서 그것을 지배하기 위해 생긴 존재, 자연의 소유자, 자연의 주인이 아니라 다만 자연의 한 측면, 자연의 일부에 지나지 않게 되었다. 인간 자신은 자신이 발견한 과학적 지식과 자신이 발명한 과학적 기술에 의해 역설적으로 자신의 자존심 그리고 자신의 특권을 완전히 묵살해야 하는 인간관, 그리고 세계관을 강요받게 되었다. 16세기에 지동설이 지구중심적 우주관을 포기하고 태양중심적 우주관을 도입했듯이 20세기말 우리는 인간 중심 문화의 세계관을 버리고 〈생태 중심 문화〉라고 부를 수 있는 자연중심적 세계관을 가질 수밖에 없게 된 것 같다.

둘째 오늘의 과학지식과 과학기술은 상대주의적 인식론을 확립시킨다. 인식 상대주의는 새로운 현상이 아니다. 그것은 이미 고대 그리스 프로타고라스에 의해서 주장되었고, 19세기에 니체 같은 철학자들에 의해 역설되었다. 그러나 상대주의가 오늘날과 같이 널리 수용되지는 않았다. 이런 사실은 지난 1970년경부터 서구라파의 학계에 충격을 준 이른바 〈해체주의〉에서나 혹은 지난 1980년초부터 세계적으로 널리 예술, 문학, 그리고 철학계에서 논의되며 번지고 있는 이른바 〈포스트모더니즘〉의 사상적 흐름에서 구체적으로 나타났다.

인식론적 상대주의는 우리들의 사물 현상에 대한 신념, 때로는 〈진리〉라고 불리는 사물 현상에 대한 우리들의 관념에 보편적인 객관성이 있음을 부정한다. 어떤 사물에 대한 인간의 신념은 시대와 장소, 그리고 어떤 특수한 상황에서 인식자가 무엇을 원하느냐에 따라 달라질 수밖에 없다는 것이다.

상대주의는 〈절대주의〉라고 부를 수 있는 플라톤적 혹은 데카르트적 인식론의 크나큰 철학적 주류의 그늘에 파묻혀 있었긴 하지만 언제나 존재하고 있었다. 칸트에서 이미 일종의 상대주의를 발견한다. 19세기의 이른바 역사주의 그리고 니체나 키에르케고르의 철학은 상대주의의 강력한 세력을 입증한다. 그럼에도 불구하고 이러한 상대주의는 크게 반발을 일으키고 부정되었다. 늦어도 20세기 전반기까지 서로 상반되지만 경쟁적인 두 철학 사조를 뚜렷하게 이룬 이른바 현상학과 분석철학은 19세기적 상대주의에 대한 반발로서 그 철학사적 의미를 굳힌다. 각기 구라파와 미국을 대표했던 현상주의와 분석철학은 비록 방법과 근거에서 서로 완전히 대립되지만 철학이 절대적으로 객관적이며 보편적인 사물 현상에 대한 진리를 밝힐 수 있다는 확신을 갖는 점에서 전혀 다를 바 없다. 이 두 철학은 1960년대 말까지만 해도 흔들릴 수 없는 결정적인 철학적 주류를 지탱했었다.

모든 철학적 작업의 시도 자체가 은근히 그러했듯이 현상학과 분석철학은 인간에게서만 발견될 수 있는 특수한 지적 속성으로서의 이성의 존재를 전제하고 그것을 확신있게 믿는다. 선험적 자아를 전제해야만 하는 현상학자나 논리적 분석을 강조하는 분석철학자는 그가 아무리 부정하더라도 그는 이성이라는 속성의 비물질성을 논리적으로 전제한다. 따라서 그들은 필연적으로 유물론자일 수 없으며 형이상학적 이원론자이다. 그러므로 그들은 아직도 일종의 인간 중심주의를 벗어나지 못하고 유물론자와 기계적 세계관도 완전히 수용하지 못한다.

그러나 과학이 보여주는 인간이 옳다면 인간도 하나의 자연적 기계에 불과하고, 인간의 특수한 속성으로 생각되어 온 〈이성〉도 인간이라는 기계의 한 측면, 아니면 그런 기계 작동의 한 현상에 불과하다고 할 수밖에 없다는 결론이 나온다. 어떤 의미에서 자연의 현상 밖에서 자연 현상을 관찰하여 자연을 마치 거울과 같이 지식의 형태로 반영해 준다고 믿어졌던 이성이 사실인즉 자연 현상의 일부 형태에 불과하다면, 그렇게 이루어진 지식은 보편적이며 객관적인 것일 수 없다. 지식이라는 한 개인의 신념 혹은 한 사회가 갖게 되는 신념은 그 개인 혹은 그 사회의 물리적 반영에 지나지 않는다. 따라서 어떠한 신념도 개인 내지 사회 혹은 그 시대와 특수한 사건인 이상 구체적 상황과 뗄 수 없는 인과적 관계를 맺게 될 터이다. 모든 현상이 구체적으로 즉 개별적으로밖엔 존재할 수 없는 이상, 그런 존재를 반영하는 이른바 사물 현상에 대한 신념은 상대적일 수밖에 없다.

과학기술, 그 적응과 도전

지구상의 수많은 현상 가운데서 인간이라는 중심적 존재가 없어진 것과 똑같이, 수많은 인간의 수많은 신념들의 주체로 이성이라는 존재가 없어진 상황에서는 각기 신념들은 오로지 상대적인 의미만을 띤다. 한마디로 객관적이고 보편적이며 누구에게나 투명한 진리는 그런 진리를 나타내는 신념의 형성 조건과 과정의 성격상 불가능하다는 것이다.

이런 생각은 이미 니체에서 발견되지만 최근 데리다의 해체주의나 푸코 M. Foucault의 탈구조주의 혹은 이른바 리오타르 J. F. Lyotard의 포스트모더니즘이나 롤티의 네오프래그머티즘에서 보다 적극적으로 이론적 전개를 보았고 모든 지적 분야에서 광범위하게 영향력을 미치게 되었다. 이런 인식론적 상대주의는 원천적으로 현대 과학과 과학기술이 가져온 이념적 결과라고 설명될 수 있겠고 동시에 그러한 상황에 대한 관념적 반응이라고도 풀이될 수 있다.

과학과 과학기술의 세번째 결과를 생각할 수 있다. 그것은 가치의 증발, 즉 가치 허무주의이다. 과학적 세계관과 과학적 기술이 전제하거나 함의하는 세계는 가치가 존재할 수 있는 자리를 마련하지 않는다. 과거에는 물론 오늘날에도 과학 기술자를 포함해서 모든 사람들은 여러 가지 가치를 말하고 믿는다. 그러나 과학적 세계관이 과학기술의 입장에서 보면 이른바 모든 가치는 그 자체로서는 아무 의미, 아무 가치도 없는 기계적 물리 현상으로 환원되고 만다. 이런 관점에서 볼 때 가치를 가리키는 낱말이나 명제들은 원칙적으로 엄격한 수식으로 표상될 수 있는 물리학적 미립자들의 또다른 표상 양식에 불과하다.

존재하는 것은 그 자체로서 볼 때 가치 있는 것과 동일하지 않다. 존재에 대한 서술은 그 존재에 대한 평가와 다르다. 철학이 보여주는 것은 존재하는 것에 그치고 과학기술이 증명해 주는 것은 오로지 어떤 존재하는 현상의 작동일 뿐이다. 과학과 과학기술적 안목에서는 가치가 보이지 않는다. 그것들은 사물 현상에 대한 평가에 관해서는 완전히 입을 다문다. 가치 즉 좋고 나쁨은 존재하는 것을 지칭하는 개념이 아니다. 따라서 객관적 의미를 갖지 못한다. 물론 우리들은 구체적인 삶에 있어서 부단히 사물 현상을 평가하지 않을 수 없으며 서로 갈등하는 가치 판단을 풀지 않으면 안 될 상황에 놓인다. 그러나 어떠한 가치도 객관성이 없다면 어떠한 가치 판단도 그리고 어떠한 가치 간의 갈등도 이성적으로 해결할 수 없다. 과학적 세계관은 가치의 존재를 허용하지 않지만, 구체적인 인간의 생활 차원에서는 아무도 가치 판단을 도피할 수 없다. 그러나 그 판단의 기준이 없는 상황에서 가치의 무정부 상태를 모면할 길이 없다.

전체주의 정치 체제와 민주주의 정치 체제, 그리고 사회주의 경제 체제와 자본주의 경제 체제는 정치 사회적 차원에서의 가치 평가를 뜻한다. 19세기 그리고 20세기에 걸쳐 이 상반되는 두 가치관은 서로 객관적 근거가 있음을 은연중 전제하고 있었다. 만약 가치가 무정부적이라면 그런 근거는 없어진다. 그럼에도 불구하고 이 두 가치관이 양립하여 갈등하고 있다면 그런 갈등의 해결은 오직 물리적 방법밖에 없을 것이고 갈등의 원인은 인과적 설명에서만 찾을 수 있을 것이다.

만약 어떤 가치에도 객관성이 없다면 아니 가치란 도대체 처음부터 존재하지 않는다면 도덕적 선악의 판단이나 그런 판단들 간의 갈등도 아무 의미 없는 현상으로만 보아야 할 것이다.

사회학자 다니엘 벨 D. Bell이 오늘의 시대를 〈이데올로기의 종말〉로서 특징지으려 했던 것도 사회, 정치적 가치의 무정부 상태를 가리켜 말한 것으로 이해된다. 오늘날 매킨타이어 A. MacIntyre, 또는 윌리엄스 B. Williams와 같은 이들에 의해서 주장되는 도덕적 상대주의도 어떻게 보면 과학적 세계관과 과학기술이 함의하는 가치관에 관한 결과로 볼 수 있다. 도덕 상대주의의 밑바닥을 들여다 보면 도덕적 가치는 존재하지만 그 가치가 그저 상대적일 뿐이라는 주장이 깔려 있다. 이런 주장은 도덕적 가치의 무정부주의 더 나아가서는 허무주의로 바뀐다. 도덕적 가치는 존재하지 않는다는 것이다. 우리가 도덕적 가치라고 부르는 것은 사회적 관계를 떠날 수 없는 인간이 그러한 관계를 조정하기 위해서 만든 규범에 불과하다는 것이다.

가치 상대주의 더 나아가서 가치 허무주의는 소극적으로는 오늘날 모든 사회에서 관찰할 수 있는 〈도덕적 부패〉와 한 사회에 방향을 줄 수 있는 〈이데올로기의 종말〉 현상으로 나타나고, 적극적으로는 윤리적 가치를 철학적 문제에서 제외했던 미국에서의 분석철학자들 간에 지난 10여 년 전부터 두드러지게 활발해진 윤리학에의 관심에서 나타난다. 이런 가치관의 관점에서 볼 때 유일한 가치라고 불리는 것은 본능적인 욕망 충족으로 해석될 수밖에 없다. 사실 오늘날 지배적인 인간 행동의 원리는 대체로 극도의 개인적 이기주의와 물질주의라고 생각된다. 이러한 가치관은 모든 것이 산업, 상품, 무역 등의 관점에서 계획되고 실천되며 작동되고 평가된다는 사실로 나타난다.

네번째, 마지막으로 볼 수 있는 과학적 세계관, 과학기술의 결과는 공해, 환경 오염, 지구 생태계의 파괴이다. 오늘과 같은 과학적 지식이 없었더라면, 전 인류 아니 지구상의 모든 생물들이 생태계의 파괴로 인한 생존의 위협은 받지 않았을 것이다. 만일 인간의 가치관이 당장의 생물학적 욕망 즉 물질적, 본능적 욕구에 크게 지배되지 않았더라면, 비록 과학적 지식을 가지고 과학적 기술을 갖추었더라도 세계는 상업주의에 휘말리지 않았을 것이며, 따라서 지구의 생태계는 파괴의 위험을 직면하게 되지는 않았을 것이다.

지금까지 본 20세기말에 있어서의 과학적 세계관과 과학기술의 네 가지 결과를 보다 요약해서 두 가지로 말할 수 있다. 그 하나는 사상적 또는 철학적 허무주의이며, 또 다른 하나는 인간의 생물학적 또는 물리적 파멸의 가능성이다. 한편으로 과학적 세계관은 인간이 추구하는 모든 가치가 사실상 무의미하며, 더 나아가서는 개인으로나 種으로서나 인간의 삶도 궁극적으로 존엄성은 고사하고 어떤 종류의 가치도 있을 수 없음을 보여준다. 다른 한편으로 과학적 세계관 그리고 과학적 기술은 원래 인간의 복지를 위한 것이었으나, 원래의 목적을 맹목적으로 추구하는 과정에서 결과적으로 각 개인의 복지는커녕 종으로서 인간의 생존까지도 위협하게 됨을 의식하게 해줬다.

그리하여 가치의 증발이 의미하는 허무주의와 생태계 파괴로 인한 생물학적 인간 생명의 위험에 대한 의식이 20세기말의 철학적 및 사상적 특징인 성싶다. 엄격한 과학적 관점에서 볼 때 이러한 특징 자체도 완전히 기계적 자연, 더 나아가서는 우주의 한 측면에 불과한 것으로 설명될 것이다. 이러한 의식을 갖는 인간도 역시 똑같은 단 하나의 우주적 기계의 한 측면으로 보아야 한다. 이러한 기계적 우주의 한 일부인 인간이란 부분품이, 행동은 말할 것도 없고, 어떤 의도를 갖고 무엇인가를 원하고 계획한다는 것은 이해될 수 없다.

그렇지만 주어진 어떠한 환경에서 무슨 일을 자의적으로 할 수 없다고 해도 인간은 적어도 무엇인가를 바라고 머리 속으로는 계획도 한다. 이러한 행위, 이러한 소원, 이러한 계획 역시 우주적 기계의 한 기능적 측면의 현상인 것으로 과학적 세계관 즉 기계적 자연관과 일관성 있게 주장되어도 좋다. 그 설명이 옳든 틀리든 간에 어느 때 어디서나 마찬가지로 인간은 주어진 여건에 그냥 순응하는 것만으로는 만족할 수 없어서 무엇인가를 바라고 그것을 현실화하기 위해서 무엇인가를 계획하고 행동에 임할 수 있다고 스스로 생각한다.

3 과학기술에 대한 도전

20세기말의 인간은 어느 때 어느 곳에서의 인간과 마찬가지로 과학적 세계관이 내포한 허무주의를 그냥 수용할 수만은 없고, 종으로서의 자신과 아울러 더 나아가서는 모든 생물의 죽음을 바라만 보고 기다릴 수는 없다. 이렇게 전제할 때 20세기말 현재의 사상적 또는 철학적 상황뿐만 아니라 20세기말부터 21세기에 걸친 몇 십년 간의 사상적 및 철학적 전망에 관해서도 우리는 자유로운 추리 혹은 추측을 할 수밖에 없다.

첫째 과학적 세계관에 대한 새로운 철학적 조명이 있을 수밖에 없을 것 같다. 그 이유를 어디서 찾든지, 그 원인이 과학적 세계관이 전제하는 우주의 기계적 작동의 한 현상이든지 아니든지 간에, 인간은 그냥 있는 것만으로는 만족하지 않는다. 자신의 존재뿐 아니라 모든 현상의 존재〈의미〉를 찾지 않고는 못 견딘다. 그러한〈의미〉의 존재가 실제로 발견되든 안되든, 인간이 그러한〈의미〉의 존재와 양립할 수 없다면, 인간은 자신의 과학적 세계관을 재해석해서〈의미〉의 존재와 양립할 수 있는 것이 되도록 조정하려 할 것이다.

과학적 세계관과〈의미〉의 존재가 양립할 수 있으려면 과학적 세계관을 그냥 그대로 포기하거나 부정하지 않더라도, 그 세계관이 자연 현상의 궁극적 표상이 될 수 없고 오로지 한 측면에서의 서술에 불과하다고 볼 수 있어야 한다.

즉 자연 현상, 더 일반적으로 하이데거식으로 표현해서 〈존재〉는 과학적 언어로서 완전히 표상될 수 없다고 전제되어야 한다.

사실 존재 자체는 논리적으로 보아 그것을 표상해주는 언어와 결코 동일할 수 없다. 언어를 통해서 즉 개념으로서만 사물 현상이 인식되고 표상될 수 있음이 사실이라면, 과학적 표상이 존재를 완전히 표상할 수 없다는 것은 논리적으로 자명하다. 존재가 그냥 그대로 개념화될 수 없다면 개념의 의미는 근본적으로 불투명하고 구체적인 존재를 표상한다기보다 오히려 왜곡시킨다고 주장될 수 있다. 존재가 비록 그것이 언어의 필연적 이유 때문에 완전히 즉 구체적으로 존재하는 바 그대로 표상될 수 없지만, 하이데거의 주장대로 시적 언어, 더 일반적으로 예술 언어가 존재를 그나마 가장 가깝고 따라서 충실히 표상해 줄 수 있다는 주장이 있을 수 있다.

따라서 시적 혹은 〈미학적〉 세계관이나 자연관, 더 일반적으로 말해서 시적 혹은 미학적 존재론이 모색되고, 과학이 전제하는 유물론이나 데카르트식 이원론도 아닌, 보다 포괄적인 형이상학을 마련하려는 노력이 있게 될 것이다. 이런 형이상학을 통해서 궁극적으로는 존재와 가치, 물질과 정신이 서로 분리될 수 없는 일원론적 형이상학, 무엇이라고 개념화할 수 없는 단 하나의 존재를 전제하는 老莊的 도교 사상에 암시된 존재론이 추구될 것이다.

그렇다면 투명한 인식을 추구하는 현상학이나 정확한 논

리적 엄격성을 주장하는 분석철학은 그 고전적 형태로서는 다 같이 세력을 잃게 될 것이고 보다 문학적 표현을 닮아가는 철학적 스타일이 생겨날 성싶다. 그리고 철학적 관심 대상은 인식으로서의 과학이기보다는 가치의 문제와 뗄 수 없는 윤리학, 정치, 사회, 그리고 특히 예술이 될 것이다.

이러한 분야와 아울러 종교, 문화, 인간학이 철학적 반성의 중요한 분야가 될 것이다. 아무튼 이런 철학적 모색을 통해서 새로운 가치, 삶의 의미는 물론, 존재 일반의 의미가 모색되고 추구되며 제시될 듯하다.

둘째 과학적 세계관이 내포한 의미의 부재가 인간의 내적 혹은 정신적 불안의 원인이라면, 과학적 기술에 의한 무제한한 산업 개발의 결과로 나타난 생태계 파괴는 보다 직접적으로 즉 피부로 느낄 수 있을 만큼 인간의 생물학적 존속을 위협한다. 누가 뭐라 해도 생물학적 생사의 문제는 지적 혹은 정신적 불안이나 갈망에 선행한다. 그런 불안은 정말 물리적이어서 보다 절실한 해결책을 요청한다.

20세기말 인간은 싫든 좋든 이런 위협에 더욱 각성되고 그런 문제를 더욱 절실히 의식하게 될 것이다. 20세기말을 지나, 21세기에 접어들면서 자신의 생리학적 존속만을 위해서라도 인간은 생태학적 문제의 해결을 모색하고 어떻게 해서라도 해결해야 할 것이다.

오늘날 인간이 직면하고 있는 생태계 파괴의 위험이 과학기술을 이용한 이른바 〈자연의 개발〉에 근거한다는 점에서 무계획적이고 무제한적인 과학기술의 개발과 무절제한 자연

의 개발에 대한 반성이 보다 진지하고 절실하게 이루어져야
한다. 과학기술에 의한 무제한 자연 개발이 제동을 모르는
인간의 물질적 욕구와 직접 관계되는 이상, 오늘날 인간이
추구하는 가치에 대해서 보다 체계적이고 근본적인 철학적
반성도 이루어져야 한다.

인간이 추구하는 가치에 대한 반성은 인간이 가장 인간답
게 살아야 할 자세를 전제한다. 그리고 이러한 자세에 대한
올바른 판단은 인간 생존의 객관적 여건에 대한 올바른 과
학적 파악을 전제한다.

각 개인은 생물학적으로 독립된 개별적 단위를 이룬다.
그러나 인간으로서의 동물은 반드시 어떤 사회 속에서만 발
견된다. 그는 사회적 관계를 떠나서는 존재할 수 없다. 사
회적으로 그는 그 밖의 모든 사회 구성원과 뗄 수 없이 연
결되어 있다. 생태학은 인간이 딴 사람들과 사회적으로 연
결되어 있을 뿐만 아니라, 인간 외의 모든 동물, 더 나아가
서는 모든 자연 현상과 뗄 수 없이 유기적 관계를 맺고 있
음을 주장한다. 오랫동안 모든 인류가 의심치 않고 믿어 왔
던 것과는 달리, 특히 서양의 종교가 분명히 전제하고 있는
바와는 달리, 인간은 자연 위에 군림하여 자연을 소유하고
지배하고 그것을 그저 도구로서만 이용할 수 있는 권리가
부여된 자연의 소유자도 주인도 아니다.

21세기에는 인간과 자연 그리고 그 관계에 대한 새로운
철학적 반성이 굳어질 것이다. 그 결과는 인간중심주의로부
터의 탈피를 의미하고 생태학적 입장에서 나타나는 자연중

심주의적 세계관을 정착시키게 될 것이다. 니체가 〈신은 죽었다〉라고 했을 때 그는 신중심적인 신학적 세계관을 부정했던 것이다. 그러나 이 명제가 바로 인간중심적 입장의 포기를 의미하지는 않는다. 인간중심주의적 사고의 포기는 푸코가 〈인간의 소멸〉이라고 했을 때 비로소 보다 분명하게 나타났다.

인간이 자연의 일부에 불과하다는 생태학적 자연중심적 세계관은 인간이 동물과 똑같고, 따라서 내 자식 역시 송아지나 강아지와 똑같이 귀중함만을 의미하지는 않는다. 그렇다고 인간이 육식은 물론 초식도 해서는 아니 된다는 뜻을 지니는 것은 아니다. 그것이 강조하는 것은 인간이 다른 동물과 자연 환경에 배려를 갖고 그런 것들과 조화를 이루어 공존공생해야 한다는 말에 지나지 않는다. 인간 외의 모든 자연 현상이 인간의 욕망을 충족시키기 위한 도구에 지나지 않는다는 생각을 버려야 함을 강조할 뿐이다. 인간을 포함한 모든 동물, 모든 현상이 상호 간에 뗄 수 없는 유기적 관계를 갖고 있음을 주장할 뿐이다.

탈인간 중심주의로 나타날 생태학적 자연관은 국가나 민족간의 정치 경제적 관계에 대한 사고방식 그리고 역사와 문화를 보는 사고방식에 반영될 것이며, 한 국가 내에서 지역간의 관계와 한 지역 안에서 개인들간의 관계에 대한 사고방식에 파급적으로 반영 될 것이며, 또 그렇게 되어야만 할 것이다. 지난 2, 3백 년 동안 정치, 경제, 문화 그리고 사상적 면에서 세계가 서양중심적이었긴 하지만, 이제 서양

94

은 세계의 절대적 중심체이기를 그치고 있으며, 앞으로는 서양과 동양 그리고 그 밖의 민족적, 경제적 또는 정치적 판도가 지배와 피지배의 관계이기보다는 균형적 관계로 바뀌어가게 될 것이다. 그것들 간의 관계는 명령자와 피명령자의 대립과 갈등의 관계가 아니라 타협과 조절의 관계를 찾게 될 것이다. 한 국가나 사회 내에서 개인과 개인의 인간관계는 경쟁, 투쟁 혹은 승부의 관계가 아니라, 협동과 합의의 관계로 변하게 될 것이다. 모든 욕망이나 계획 그리고 행동의 결정은 개인주의적 관점에서보다는 언제나 공동체의 관점에 의해 판단되고 평가되며 결정되는 도덕적 규범이 고안될 것이다.

언뜻 보아 위와 같은 앞으로의 사상적 큰 추세에 대한 예측은 현재 우리가 목격하고 체험하는 사실과 판이하게 다른 것 같다. 사회주의 국가들의 붕괴와 각 지역에서의 정치적, 인종적 및 문화적인 격렬한 갈등 그리고 날로 심해가는 경제적 경쟁, 그에 따른 부의 불공평한 분배는 세계가 하나로 통일되기는커녕 극단적 분열과 갈등의 길로 흘러감을 입증하는 것 같다. 각 사회 혹은 민족 혹은 국가 내에서조차 집단적 이해의 갈등이 물리적인 폭력으로 자주 나타난다. 같은 지역내에서도 모든 사람들은 보다 물질적인 가치에 지배되고 노골적인 이기주의적 윤리의 법칙을 따라가는 듯하다.

그러나 이와 같은 눈앞의 상황은 바람직한 새로운 세계와 가치관에 꼭 역행하는 현상임을 의미하기보다 과거의 세계관 내지 과거의 가치관이 붕괴하고 〈생태학적〉이라고 부를 수 있는 자연관과 가치관이 모색되는 과정에서 나타난 과도 기적 현상으로 풀이될 수 있다. 과거의 세계관이나 가치관 의 재평가와 청산 그리고 새로운 세계관과 가치관의 정립의 필요성은 과학지식이 보여준 자연을 보다 본질적으로 이해 하기 위해 마땅히 마련되어야 하며, 과학기술이 초래한 오 늘의 생존을 위협하는 여건을 극복하기 위해서는 새로운 가 치관이 필연적으로 요청된다.

한 시대의 사상과 철학은 마르크스가 주장했듯이, 그 시 대의 산물임에는 틀림없다. 그것들은 한 시대의 여러 가지 인간의 생존 조건을 반영하는 거울이다. 그러나 바로 그 사 상, 그 철학은 그 시대의 수동적인 아니 기계적인 반영에 그치지만은 않는다. 철학 혹은 사상은 새로운 세계관, 새로 운 가치를 모색하고 창조하면서 주어진 그 시대를 우리가 자율적으로 선택한 방향으로 능동적으로 이끌어가는 조종적 동력이다. 사상과 철학은 한 시대의 물리적 혹은 사회적 조 건의 수동적 반사적 현상만이 아니라 그 조건에의 능동적 도전 방식이기도 하다.

과학적 세계관과 과학기술이 가져온 물질주의적 가치관이 20세기말 현재의 사상적 및 철학적 상황이라 해도 거기서 전망될 수 있고 꼭 그렇게 되어야만 하는 새로운 사상과 철 학은 〈미학적〉 혹은 〈생태학적〉이라고 호칭될 수 있는 성질 의 것이 될 것이다.

과학적 기술에의 도전은 지금까지 인류가 겪었던 여러 가지 중요한 도전들 가운데 어느 것보다도 더 중요하다. 다시 말해서 20세기말 인류는 우리가 의식하든 않든 그 어느 때보다 더 근본적인 전환기에 놓여 있다. 왜냐하면 우리가 이 전환기에 어떻게 도전해 가느냐에 따라 인류는 보다 의미 있는 삶을 살 수도 있고 아니면 멸종하게 될 수도 있다는 사실이 더욱 절박해지고 있음이 확실하기 때문이다.

2 자연과학과 인문과학

극히 엄격하고 정확한 수학적 언어로 표현되는 과학적 지식은 대부분의 사람들이 거의 접근할 수 없는 신비롭고 어려운 존재이다. 그렇지만 그러한 과학적 지식의 산물인 과학기술의 엄청난 위력에 무감각할 수 있는 사람은 아무도 없다. 지난 몇백 년 간 크나큰 인류 역사의 변화는 근본적으로 과학에 의해서 이루어진 것이고, 인류의 생활은 그만큼 편리하고 윤택해졌음을 부정할 이는 아무도 없다.

이런 문맥에서 여러 학문 가운데 과학의 가치가 더욱 높이 구가되고 상대적으로 과학 아닌 이른바 인문과학, 예컨대 철학, 문학, 예술 등의 학문적 가치와 의미가 축소되거나 아니면 더 나아가서는 그러한 것들의 존재 자체에 회의가 번져가고 있음이 오늘의 문화적 지적 분위기라고 보면 틀림없다.

그러나 다른 한편으로는 벌써 오래 전부터 소수의 철학자 혹은 지식인들에 의해 과학적 세계관의 협소성이 고발되어 왔고, 최근에 들어선 과학기술 문화가 자연 환경을 파괴할 뿐 아니라 끝내는 인류 아니 모든 생명체의 완전한 소멸을 초래하게 될 무서운 가능성에 이미 적지 않은 사람들이 경계심을 갖게 되었으며 막연하나마 인문과학의 중요성을 새삼 의식하게 됐다.

이런 마당에 과학이 정말 어떤 성질의 학문이며 그것이 인문과학과 어떤 관계를 갖고 있는가를 새삼 반성해 보고 가능한 그런 물음에 대한 대답을 찾아보는 일은, 좁게는 교육 방침을 정하는 데 있어서 그리고 넓게는 보다 바람직한 삶을 마련하기 위해서 결코 무의미한 작업이 아닐 것이다.

여기서 나는 첫째 자연과학과 인문과학의 차이점을 밝히고, 둘째 그 두 가지 학문 간의 관계를 분석하고, 그것을 바탕으로 어째서 인문과학 교육이 개인적 차원에서나 사회적 차원에서 보다 중요시 되어야 하는가를 검토하고자 한다.

1 자연과학과 인문과학의 구별

과학이라는 개념이 〈학문〉이라는 넓은 뜻으로 쓰일 때 그것은 크게 자연과학, 사회과학 그리고 인문과학으로 구별된다. 그러나 과학이라는 말이 〈특수한 형태의 학문〉이라는 좁은 뜻으로 쓰일 때 자연과학은 대표적인 과학의 예가 되지만 사회과학이란 개념은 그 자체 모순된다. 인문과학이란 말이 성립될 수 있다면 그것은 오로지 〈과학〉이란 개념이 넓은 의미로서 비유적으로 사용될 때만 가능하다. 따라서 여기서 우리의 주제를 〈자연과학과 인문과학〉이라고 붙이긴 했지만 우리가 고찰하고자 하는 문제는 좁은 뜻에서의 과학으로서 학문과 똑같은 뜻에서 과학일 수 없는 학문의 구별을 밝히는 작업이다.

학문을 크게 자연과학, 사회과학, 인문과학이라는 개념으로 묶는 일은 학계에서 하나의 관습이다. 순차적으로 자연과학은 물리학, 화학, 생물학으로 대표되고 사회과학은 사회학, 정치학으로 그리고 인문과학은 역사학, 철학, 문학, 예술에서 그 범례를 들 수 있음은 누구나 알고 있는 상식이다.

그러나 넓은 뜻에서의 과학이 아니라 보다 엄격한 의미에서의 과학이라는 입장에서 볼 때 자연과학이 과학임에는 의심할 수 없지만, 사회과학이 정말 과학이냐 아니냐는 아직도 시비의 여지가 남아 있는 데 비추어 보면, 인문과학은 분명히 과학이 아니다.

그렇다면 과학적 학문과 비과학적 학문의 차이는 어떻게 규정될 수 있는가? 모든 학문이 앎을 찾는다면 그 앎이 과학적 아니면 비과학적 앎으로 구별될 수 있는 근거는 무엇인가?

여러 학문 간의 구별을 전제하는 여러 가지 학문적 사례에서 검토해 볼 때 과학적·비과학적 구별은 각 학문의 대상의 성질에 달려 있는 것처럼 보인다. 학문적 대상이 자연 현상일 때 그 학문은 과학으로 성립되지만, 학문적 대상이 철학, 문학, 예술 혹은 역사와 같이 인간의 표현물일 때는 과학 밖에 속하는 학문이며, 사회과학의 경우와 같이 그 대상이 자연과학으로 볼 수 있느냐 아니냐에 따라 그 학문은 과학으로도 볼 수 있고 그렇지 않을 수도 있을 것 같다.

그러나 대상의 성질에 바탕을 둔 과학으로서의 학문과 과학일 수 없는 학문의 구별은 과히 만족스럽지 않다. 왜냐하면 똑같은 대상도 관점에 따라 서로 상이한 시각에서 접근될 수 있고 그와 상대적으로 다른 종류의 학문을 성립시킬 수 있기 때문이다. 동일한 심리 현상은 물론 사회 현상도 관점에 따라 과학적 접근이 가능하고 동시에 그것과는 다른 학문의 대상으로 접근될 수 있다. 그래서 심리 현상, 사회 현상은 물론 역사 현상 더 극단적으로는 철학, 문학, 예술이 추구하는 학문적 대상도 근본적으로는 자연과학과 동일한 성질의 대상으로 환언될 수 있다는 주장이 나올 수 있고 〈과학적 철학〉이니 〈인문과학〉이라는 개념까지 생기게 되었다. 그러나 이러한 일부의 입장과는 달리 앞서 들은 현상들은 자연 현상과 본질적으로 다르고, 앞에서 들은 학문들은 그 대상의 성질상 절대로 과학이 될 수 없다는 입장이 아직도 승부를 가리지 못한 채 맞서고 있다.

그러므로 과학적 앎은 그 앎의 대상에 의해서 결정될 수 없다. 한 학문, 그 학문이 추구하는 앎이 과학적이냐 아니냐는 한 학문이 취한 방법에 의해서만 결정되는 것이다.

그렇다면 과학적 방법이란 어떤 것인가? 이런 물음에 대한 답변을 찾기에 앞서, 과학이 추구하는 앎이 도대체 어떤 종류의 앎인가를 알아보아야 한다. 독일의 철학자 딜타이는 〈설명적 앎〉과 〈이해적 앎〉으로 구별하고 이 두 서로 다른 형태의 앎이 각기 〈자연과학〉과 〈정신과학〉에서 개별적으로 구분됨을 주장했다. 여기서 딜타이는 과학이라는 개념을 넓은 뜻에서, 즉 그저 〈앎〉이라는 뜻으로 사용하고 있지만 우리가 채택한 뜻, 즉 좁은 뜻으로서의 앎은 오로지 〈설명적 앎〉뿐이다. 따라서 설명적 앎만을 추구하는 자연과학만이 〈과학〉이고 〈이해적 앎〉을 요구하는 〈정신과학〉은 사실상 과학이 아니다.

한편으로 어떤 구체적인 개별 현상은 그것이 어떤 자연적 인과법칙에서 연역적으로 유추되었음이 인정되었을 때 〈설명〉되었다고 말한다. 또 다른 한편으로 어떤 의미를 나타내는 기호 또는 언어가 어떤 약속적 규범에 기준하여 이해되었을 때 〈이해〉되었다고 이야기한다. 가령 〈하나님은 죄인에게 고통이라는 벌을 준다〉는 법칙이 있음을 인정할 때 내가 알 수 없는 큰 병에 들어 고통을 받는 구체적인 사실이 설명된다는 것이며 또는 뉴턴의 〈만유인력〉이라는 법칙이 전제될 때 구체적인 하나의 사과가 땅에 떨어지는 사건이 설명된다. 이와 같이 볼 때 과학의 목적은 어떤 자연법칙을 발견하는 데 있다. 그러나 모든 법칙에 의한 설명이 자동적으로 과학적인 설명이 아니다. 하나님의 뜻에 의한 나의 고통의 설명은 뉴턴의 법칙에 의한 사과가 땅에 떨어지는 현상의 설명과 다름은 누구나 직관적으로 납득할 수 있다. 전

자의 설명이 종교적, 즉 비과학적인 데 반해서 후자의 설명
은 확실이 과학적이다.

　이 두 가지 설명적 앎의 차이는 각기 설명에 필요한 법칙
을 수용하게 된 절차에 있다. 학문의 분야에서 이와 같은
절차를 〈방법〉이라고 부른다. 과학적 설명과 비과학적 설명
의 차이는 어떤 방법에 의해서 어떤 현상을 설명해주는 법
칙을 전제할 수 있느냐에 달려 있다. 위와 같은 설명적 앎
을 〈규범적 설명〉이라고도 부른다. 과학적 방법은 엄격한
논리와 확고한 실증의 양면을 동시에 갖고 있다. 더 구체적
으로 말해서 어떤 구체적 현상을 설명해 줄 수 있다고 가정
된 어떤 법칙은 그 법칙으로부터 사건이 예측대로 구체적인
실험이나 관찰을 통해서 반증되지 않을 때 비로소 과학적인
법칙으로 성립되고, 그런 법칙에 의해서 하나의 사건 또는
사실이 설명되었을 때야 비로소 그 설명은 과학적이며, 이
런 설명을 비로소 과학적 앎이라고 부른다. 이와 같이 법칙
을 발견 혹은 구성하는 방법을 가설 연역적 모형이라고 부
르기도 한다.

　이와 같은 방법에 의한 설명적 앎을 추구하는 과학은 과
학으로서는 증명할 수 없는 하나의 형이상학적 신념을 전제
로 한다. 결정론이 바로 그러한 전제이다. 결정론에 의하면
적어도 모든 자연 현상은 영원히 흔들릴 수 없는 인과적 법
칙에 의해서 기계처럼 움직이고 있다는 것이다. 그리고 모
든 사물 현상에 대한 앎은 오로지 과학적이어야만 하고, 모
든 앎은 과학적으로 설명될 수 있다고 주장할 때, 그런 주

장은 유물론이라는 또 하나의 형이상학을 전제로 갖는다. 왜냐하면 인과적 법칙에 따라 기계적으로 움직이는 현상은 물질 속에서만 발견될 수 있기 때문이다. 이러한 과학의 형이상학적 전제를 놓고 볼 때 만약 유물론이 잘못된 형이상학이고, 과학적 앎과는 다른 형태의 앎이 있음을 전제한다면, 과학 더 정확히 말해서 자연과학 아닌 학문이 가능하고, 설명적 앎과는 다른 형태의 앎, 즉 이해적 앎의 가능성이 열린다.

과학적 앎의 모델을 물리학에서 찾을 수 있는 이유는 물리학이 다루는 인식 대상이 가장 확실하게 인과적 법칙에 의해 지배되고 있는 물리 현상이기 때문이다. 적어도 현상적으로는 물리 현상과 구별되는 생물계를 대상으로 삼는 생물학이 물리학보다 덜 정확한 과학이 되는 이유는 생물들의 동태가 물리 현상과 같이 인과법칙에 의해서 지배되지 않는 것 같기 때문이며, 심리학, 사회학 등이 점차적으로 덜 정확한 과학이 되는 이유도 똑같은 근거에 기인한다. 따라서 심리학 특히 사회학 또는 역사학이 과학이냐 아니냐는 문제가 제기되기도 한다. 이러한 문제에 대한 대답은 위와 같은 학문들의 대상이 언뜻 보기와는 달리 물리적 현상으로 환원될 수 있느냐 아니냐에 달려 있다.

모든 학문의 대상이 물리 현상으로 환원될 수 없는 특별한 존재 방식을 갖고 있다고 할 때 앞서 말한 딜타이가 주장하는 자연과학과 전혀 다른 성질의 정신과학이라는 학문의 영역이 있다는 것이다. 따라서 후자의 범주에 속하는 학

문은 그 방법에서도 자연과학의 방법과 마땅히 달라야 한다
는 것이다.

　이른바 정신과학의 대상은 물리적 존재가 아니라 비가시
적인 의미이며, 의미를 안다는 것은 그것을 인과법칙으로
설명함에 있지 않고 언어적 규범에 의거해서 이해하고 있다
는 것이다. 어쨌든 간에 나 자신의 입장에서 볼 때 여러 분
야의 정신과학, 예컨대 심리학, 사회학, 역사학 등은 어느
정도까지는 어떤 법칙에 의해서 설명될 수도 있고 동시에
어느 언어적 규범에 의해서 이해될 수도 있다. 그 어느 한
규범만으로는 만족스럽지 않다.

　과학적 지식 즉 자연과학이 사물 현상에 대한 앎의 모델
로서 정립되어 왔고, 실제로 모든 학문은 자연과학과 같은
앎을 동경해 왔고 따라서 스스로 〈과학〉이 되고자 노력해
왔다. 과학의 이와 같은 권위는, 물리학에서 가장 모범적
예를 찾아볼 수 있는, 두 가지 특징에 바탕을 둔다. 첫째는
과학적 명제의 보편성이며 둘째는 과학적 명제가 제공하는
예측성이다. 이와 같은 과학적 명제의 특징이 모든 학문의
동경이 되는 이유는 그러한 특징을 가진 과학적 지식은 인
간의 삶을 위한 편리하고 귀중한 도구로 사용될 수 있기 때
문이다. 과학은 사물 현상의 앞을 내다보게 하고 그런 예측
에 따라 자연 현상을 조작하고 재조정하여 우리에게 필요한
새로운 물건을 만들 수 있게끔 한다. 사회과학은 물론 인문
계열의 학문인 철학이나 문학 그리고 예술도 잘못된 생각에
서 덩달아 과학이 되고자 스스로를 〈인문과학〉이니 〈과학적

철학〉이라는 말을 사용하기도 한 이유도 바로 거기에 있다.

그럼에도 불구하고 사회과학까지는 혹시 몰라도 인문과학은 사실 과학이 아니며 과학이 될 수 없다. 인문과학의 대표적인 예로서의 철학이나 문학 그리고 예술이 뜻하는 것은 성질상 자연과학이 뜻하는 것과는 전혀 다르다. 〈철학한다〉〈문학한다〉 혹은 〈예술을 공부한다〉라는 말은 두 가지 서로 다른 뜻으로 쓰인다. 그런 말들은 첫번째로 이미 세워진 철학적 이론, 이미 제작된 문학 작품, 이미 존재하는 예술 작품들을 학문의 대상, 즉 인식의 대상으로 삼는다는 뜻이다. 후자의 뜻에서 볼 때 인문과학은 인식적 활동이기보다는 제작적 활동이기 때문에 학문이 아니다. 이런 점에서 인문과학은 분명히 넓은 의미에서 이건, 좁은 의미에서 이건 과학이 아니다. 그러나 첫째번의 뜻으로 볼 때, 비록 인문과학의 인식 대상의 성질이 자연과학은 물론 사회과학에서의 인식대상과 다르기는 하지만, 일종의 인식 대상을 전제하고 그것을 인지하려는 작업이라는 점에서 과학과 근본적으로 다를 바가 없을 것같이 보인다. 그러나 이와 같은 후자의 경우에서 철학 이론이나 문학 혹은 예술 작품을 공부한다는 것은 자연 현상이나 심리 현상이나 또는 사회 현상을 앎의 대상으로 대하는 경우와 전혀 다르다. 내가 철학을 공부한다 함은 무엇보다도 먼저 다른 이들이 생각한 철학적 문제와 대답을 이해하고 검토함으로써 내 자신의 문제에 대한 통찰력과 문제를 생각하고 풀어나가는 훈련을 함에 있다. 문학이나 예술 작품을 공부한다 함은 그 작품들 내지 그 작

106

품들을 구성하고 있는 여러 부분들이 어떻게 생겼으며, 어떤 법칙에 의해 결정되었는가를 밝히는 데 있지 않다. 문학 혹은 예술을 공부한다 함은 문학이나 예술 작품에 접함으로써 우리들의 모든 사물 현상에 대한 감수성을 예리하게 닦으며 인간의 다양한 경험들에 대해 눈을 뜨고, 세계와 사물과 인간을 보는 안목을 끊임없이 새롭게 하며 삶에 대한 의미와 가치를 깊이함을 뜻한다. 이와 같이 볼 때 인문과학이 뜻하는 것은 이미 존재하는 것에 대한 인식적 작업이 아니라, 과학적 지식, 과학적 기술, 과학적 활동을 망라해서 모든 인간 활동의 의미, 인간이 추구해야 할 가치에 대한 반성과 창조에 있다. 자연과학, 사회과학에 종사하는 사람은 말할 것 없이 인문과학을 한다는 사람 자신들이 흔히 잘못 생각하고 있는 것과는 달리 자연과학이나 사회과학이 뜻하는 바와 인문과학이 뜻하는 바는 전혀 다르다. 자연과학이나 사회과학은 기존하는 사실에 대한 객관적 지식을 찾으려한다. 이와는 달리 인문과학은 새로운 경험, 새로운 사고의 훈련적 도장이며 끊임없이 새로운 현상, 새로운 가치 창조의 치열한 시험장이다.

한마디로 이른바 인문과학은 과학이 아니다. 이와 같이 검토할 때 같은 교육의 터전에서 자연과학 또는 사회과학 학과들이 인문과학 학과들과 나란히 존재하지만, 이 두 가지 종류의 과들이 하고자 하며 할 수 있는 것들 간에는 서로 아무런 관계가 없어 보인다. 그러나 막상 따지고 보면 사정은 좀 다르다.

과학과 문화

2 자연과학과 인문과학의 관계

고전적이고 상식적 관점에 따르면 과학적 인식의 특징은 객관적인 데 있다. 〈객관적〉이란 과학적 지식은 과학자의 주체성과는 상관없이 존재하는 사물 현상을 가치 중립적으로 서술하는 것을 의미한다. 이러한 과학의 지식에 관한 입장은 60년대 초까지만 해도 논리실증주의에 의해 철학적 뒷받침을 받아 왔다. 과학 이론을 구성하는 데 지각을 빼낼수 없지만 바로 그러한 지각은 이미 이론에 의존되었음이 핸손에 의해서 보여졌고, 과학의 발전은 패러다임적 즉 범례적 변화를 의미함을 쿤이 주장하여 과학적 지식에 대한종래의 생각을 완전히 뒤집어 놓았다. 한편 독일의 철학자하버마스 J. Habermas는 인식이 〈이익〉과 뗄 수 없다는 주장을 갖고 나타났다. 지각은 사물과 가장 직접적인 접촉으로전제되어왔다. 그러나 그 지각이 이미 지각자가 채택하고있는 사물 현상에 대한 이론에 의존된다는 말은 지각에 의해서 우리들의 의식 속에 비치는 사물 현상이 이미 우리들이 갖고 있는 생각의 큰 테두리에서 결정된다는 말이요, 우리들이 다른 이론의 틀을 갖게 되면 사물 현상은 달리 지각될 수밖에 없다는 말이다. 이와 같은 사실은 과학적 지식이어느 정도 주관적이라는 말이며, 그것이 주관적이라는 말은사물 현상에 관한 인간의 지식이 인간이 갖고 있는 관심이나 가치관과 떼어서는 이해되지 않는다는 말이 된다.

그리고 쿤이 말한 대로 이른바 과학적 발전이 지식의 저

108

축성를 나타내는 것이 아니고 패러다임의 대치로써 이루어
지는 혁명적 성격을 띠고 있다면, 과학이 우리에게 보여주
고 설명해 주는 자연 현상들은 고정된 객관적 사실이 아니
라 어떤 틀 안에서 본 현상의 한 측면에 불과함을 함의한
다. 또한 하버마스의 주장대로 모든 인식이 〈이익〉을 떠날
수 없다면 어떤 패러다임에 의해서 자연 현상을 해석하느냐
도 우리의 〈이익〉에 의존됨을 말한다. 어쨌든 어떠한 각도
에서 보아도 과학은 객관적 자연 현상을 있는 그대로 보장
해 주는 것이 아니고 근본적인 차원에서 우리들의 이익, 즉
우리들의 가치관과 뗄 수 없이 얽혀 있음을 인정하지 않을
수 없다.

지각이 이론에 의존되고, 과학적 발전이 패러다임의 혁명
적 대치를 의미하고, 어떤 패러다임을 채택하느냐는 과학자
의 이익에 의해 좌우된다면, 과학적 지식은 마치 한 개인이
나 한 사회의 주관적 의사나 의욕에 의해서 자유롭게 결정
되는 것으로 착각될 수 있다. 과학적 지식이 인간의 주관적
관심이나 이익에 의해 많이 결정된다는 말은 과학적 지식은
인식 대상의 객관적 존재의 양식과 더불어 인식주체자의 주
관적 관심, 즉 이익이 서로 얽혀 있음을 지적함에 지나지
않는다. 어떤 객관적 자연 현상에 관심을 갖고 그 현상의
어떤 측면에 초점을 두고, 그 현상을 어떻게 보고 어떻게
설명할 것인가를 크게 좌우하는 주관적 관점, 이익, 가치관
은 공백 상태에서 자유자재로 창조되거나 선택되는 것이 아
니라 사물 현상의 객관적 존재, 이미 수용되고 있는 과학적

지식을 떠나서는 생각조차 할 수 없으며, 오로지 그러한 객관적 여건에 뿌리를 박을 때에만 의미있는 주관성과 효율적으로 작동될 수 있는 가치관이 성립될 수 있다는 것이다.

이와 같이 객관적 자연 현상과 우리들의 주관적 가치관은 순환적 구조 속에서 서로 상호 보완적 관계로 얽혀 있다. 바꿔 말해서 올바른 가치관을 세우고 보람있게 살기 위해서는 과학이 제공하는 자연 현상 혹은 심리, 사회 현상에 대한 객관적 지식을 갖추어야 하고, 정말 그 본래의 기능을 할 수 있는 과학을 발전시키기 위해서는 건전하고 올바른 가치관을 먼저 세워야 한다. 그렇지 않은 경우 과학은 인간 생활에 도움을 주기보다는 공허한 하나의 지적 유희로 끝나게 되고 더 나아가서 과학적 지식과 기술은 인류의 번영은 커녕 파멸을 재촉하는 도구로서 작동될 수 있다. 과학과 가치간의 관계, 과학적 지식의 객관성과 가치관의 주관성과의 위와 같은 관계, 달리 말해서 자연과학과 인문과학의 위와 같은 관계에 비추어 볼 때 인문과학의 중요성이 이해될 수 있다.

3 인문과학의 중요성

과학은 두 가지 측면에서 인간의 승리를 말해주는 가치를 지닌다. 자연 현상에 대한 일종의 객관적 지식이라는 점 자체로서 과학은 순수한 지적 가치를 갖는다. 왜냐하면 앎은 빛이요, 빛은 해방이요, 해방은 자유요, 자유는 기쁨이기 때문이다. 지식으로서의 과학은 또한 도구적 가치를 어느 다른 종류의 지식보다도 더 잘 발휘한다. 과학기술이 인간에게 가져온 혜택을 조금이라도 의심할 사람은 없다.

과학은 이와 같은 귀중한 가치를 갖고 있지만 과학이 자처하고 있는 바와는 달리 지식으로서 편협적이다. 그러한 지식의 기술적 결과로서 과학은 무서운 위험성을 내포하고 있다. 많은 사람들 가운데 특히 하이데거 같은 실존철학자나 마르쿠제 H. Marcuse 같은 마르크스주의적 철학자에게 과학은 사물 현상에 관한 진리를 보여주지 못한다. 아무리 엄격한 과학적 지식이라 해도 그것은 사물 현상의 극히 한 측면만을 드러내줌에 지나지 않는다. 사물 현상은 과학만으로는 서술될 수 없고 그밖의 다른 방식, 가령 예술적 표상을 요청한다는 것이다. 만약 과학적 표상만을 보고 그것이 사물 현상을 객관적으로 보여준다고 생각한다면 그것은 큰 착각이다.

과학적 지식이 기술화되어 그 결과가 인류에게 가져온 혜택은 자명하나, 그 반면에 과학적 기술의 발달과 무계획적 이용은 인류뿐만 아니라 지구상의 모든 생명의 종멸을 가져올 위험성을 다분히 내포하고 있다. 상상만해도 끔직한 위와 같은 가능성은 지난 약 30년 전부터 이론적 가능성에 머물지 않고 자칫하면 현실로 될 징후가 구체적으로 여러 가지 형태로 나타나게 됐다. 한 민족, 한 국가, 한 지역을 초월해서 현재 온 인류는 과학 기술의 발달에 따른 위와 같은 위험성을 절박한 상황으로 맞게 되었다.

　이런 상황에서 과학적 지식을 축적하고 과학 기술을 개발한 우리 자신은 이제 그런 지식의 의미와 그런 기술적 가치에 대해 생각해야 한다. 우선 무엇 때문에 과학적 기술을 개발해야 하는가를 반성해야 하며, 만일 일반적으로 보아 과학적 기술 개발의 가치를 인정했을 경우에는 구체적으로 어떤 목적, 어떤 가치를 위해서 어떤 기술을 어떻게 개발하고 사용할 것인가를 새삼 결정해야 할 것이다. 그렇지 않고 맹목적으로 무조건 아무렇게나 되는 대로 과학기술을 개발해서는 안된다. 그것은 실질적으로도 불가능하다. 그뿐 아니라 이러한 결정을 하기 위해서는 우리가 추구하는 가치, 이룩하고자 하는 가치에 대한 반성이 또한 필요하다. 왜냐하면 우리가 선택했다고 해서 그리고 우리가 추구한다고 해서 한 가치나 또는 한 목적이 다같이 타당한 것은 아니기 때문이다. 그런 목적이나 가치가 잘못된 것일 수 있다는 것이다.

　과학적 기술의 엄청난 위험성을 극복하기 위해서 우리가 해야 할 가장 근본적인 작업은 과학기술을 가능케 하는 과학적 지식이 지식의 전부가 아니며, 사물 현상에 대한 가장 정확한 진리를 보여주지 못함을 인정해야 한다. 과학적 지식의 위대성을 우선 인정할지라도 그 지식의 단편적 성격에 눈을 떠야 한다. 요컨대 우리는 인식의 차원에서부터 과학 제일주의의 환상을 깨고 그 다음 실용적 차원에서는 과학 기술 만능주의의 착각을 버려야 한다.

자연과학과 인문과학

오늘날 인류가 각별히 과학기술 때문에 처하게 된 절박한 위기를 극복하기 위해서는 사물 현상을 과학이라는 하나의 부분적이고 단편적 시각에서 보는 습관을 깨뜨리고 모든 것을 상호간의 관련 속에서 총체적으로 보는 안목이 우선 필요하다. 그러한 시각에서 우리가 추구하는 가치, 우리가 세운 목적의 의미를 항상 반성하고 재검토하는 능력을 갖추어야 한다. 만일 이러한 능력 없이는 그릇된 가치를 추구하고 잘못된 목적을 세워 그런 목적을 위해 과학기술을 개발하고 활용하게 될 것이다. 만일 우리가 이러한 상황에 언제까지나 놓여 있게 된다면 그 결과가 어떨 것인가는 논리적으로 자명한다.

그렇다면 사물을 반성적으로 또 전체적으로 볼 수 있는 지식을 어디서 찾을 수 있고 무엇을 통해서 배울 수 있으며, 우리가 추구하는 가치를 검토케 하고, 올바른 가치를 선택하는 작업은 어디서 어떻게 나타나며, 그러한 작업을 할 수 있는 능력을 어떻게 배울 것인가? 이런 맥락에서 인문과학 즉 철학, 문학, 예술, 역사 등의 학문의 절대적 중요성이 밝혀진다.

인문과학, 오로지 인문과학이야말로 반성적 사고의 결실이며, 부단히 사물 현상, 우리들의 활동, 우리들이 언제나 선택해서 추구하고 있는 목적 등에 대한 의미와 가치를 반성하고 비판하고 그것을 수정 혹은 보완해서 새로운 가치를 시험하고 창조하는 마당이다. 역사를 통해서 우리는 과거 인류가 생존하며 추구했던 것이 무엇인가를 배우고, 문학 작품, 예술 작품을 연구하고 감상함으로써 우리는 인간들이 무엇을 생각하고 어떻게 느끼고 어떤 가치를 위해 고민하고 살아왔는가를 배운다. 그리하여 우리는 삶에 대해, 특히 인간의 삶에 대한 체험을 간접적으로 넓히고 이해심을 보다 깊이 할 수 있다. 예술 작품을 연구함으로써 과학적 방식으로는 물론 어떤 다른 방식으로도 표현할 수 없는 인간의 생각, 감수성, 가치를 발견한다. 한편 이미 기존하는 문학, 예술 작품의 연구나 해석이 아니라, 자신이 그것들을 창조하는 작업을 통해서 우리들은 우리들 자신의 지성과 감수성을 보다 예리하게 닦고 그것을 바탕으로 새로운 관점과 가치를 창조하며 실행해 본다. 과거의 위대한 철학가들의 저서를 통해서 우리 자신이 미처 생각지도 못했던 문제와 그 해결 방법을 생각하게 되고, 더 나아가서 우리 스스로 문제를 만들고, 그것을 해결하고, 모든 문제를 보다 비판적이며 조직적으로 생각하는 능력, 즉 스스로 철학적 사고를 할 수 있는 힘을 닦는다.

과학적 지식은 물론 모든 지식이 인간이 선택한 가치와 궁극적으로 떼어 생각할 수 있음을 상기할 때, 그리고 모든 이른바 과학적 기술 발달이 어떤 성질의 목적을 전제함으로써만 결정되고 의미를 갖는다는 것을 새삼 깨달을 때, 위와 같은 기능과 내용을 가진 인문과학의 교육이 개인적으로 모든 사람에게도 그렇지만 특히 긍정적이기도 하며 부정적일 수 있는 양면의 힘을 잠재적으로 발휘하는 과학에 종사하는 사람들에게 얼마나 큰 중요성을 갖는가를 쉽사리 알 수 있

자연과학과 인문과학

다.

　과학적 힘이 더욱 압도적으로 지배하게 된 오늘날 과학자
들에게는 물론 인문과학에 종사하는 사람들 자신까지도 인
문과학의 의미가 차츰 의심스럽게 여겨지는 경향이 있다.
그 까닭은 하나의 철학적 논리, 한 편의 시, 한 곡의 음악
이 일상의 생활에서 당장 필요하게 되는 것도 아니며, 그
자체가 상품이 될 수 없는 데 있는 것 같다. 그러나 저자의
논지가 어느 정도 근거가 있다면 이와 같은 생각이 어느 정
도 잘못된 것임이 쉽게 이해될 것이다. 당장 보기에는 식생
활에 물질적인 기여도 하지 못하고 당장 상품이 될 수도 없
고 별로 유용할 수 없어 보이는 인문과학이지만 좀더 신중
히 생각하고 분석하면 그것이 얼마 만큼 중요한 지가 확실
해진다. 인문과학의 작업이 자연과학적 작업과 아무 상관이
없어 보일 뿐 아니라 오히려 때로는 자연과학적 발전에 저
해가 될 수 있어 보일지도 모르지만 인문과학은 과학과 뗄
수 없고, 과학적 작업에는 이미 인문과학적 작업이 전제되
었음을 잊어서는 안된다.

　한 사람, 한 사회에 있어 인문과학적 소양이 교육적으로
중요하다는 주장은 그런 소양이 과학적 소양보다 더 귀중하
다든가 아니면 과학적 교육이 중요하지 않다는 뜻도 전혀
아니다. 나는 과학이 인류의 복지를 위해 이룩한 공헌을 누
구보다도 앞서 인정하고 싶으며 자연과학 교육을 더욱 강조
하고 싶다. 기술력과 경제력의 국제 경쟁 시대에서 최소한
우리들 자신의 생존만을 위해서라도 과학 교육은 더욱 강조

되어야 한다.

그러나 과학 교육의 중요성은 인문학 교육의 중요성과 배치되지 않는다. 내가 여기서 강조하는 것은 최대한 시간과 정력을 할애해서라도 모든 전문적 과학자들에게, 모든 과학도들에게 인문과학 계통의 교육이 뺄 수 없는 교육의 일부가 되어야 한다는 점이다. 과학도에게 있어서 인문교육은 비단 한 인간으로서 뿐만 아니라 순전히 과학도로서도 중요함을 역설하는 바다. 이와 같은 점을 주장하는 이유는 오늘날 과학과 기술 교육을 중요시하는 나머지 인문교육을 지나치게 소홀히 하는 분위기를 사회에서 더 좁게는 교육계에서 강하게 느낄 수 있기 때문이다.

과학자에게 이르기까지 인문 교육의 중요성이 있음을 인정하더라도 과학 교육과 비교해서 얼마 만큼의 비중을 인문과에 부여하느냐 하는 문제가 남아 있다. 이러한 문제에 대한 일률적 대답은 불가능하다. 그 대답은 한 사회 혹은 그 국가의 입장에서 볼 때 그것이 처해 있는 시대와 구체적인 경우에 따라 달라질 것이다. 만약 한 국가나 사회가 다른 국가나 사회에 비추어 기술적으로 크게 후진된 상태에 있다면 과학기술 교육이 더욱 강조되어야 할 것이다. 한 국가나 사회가 전쟁이라는 위기에 처해서 패배를 면하려고 모든 과학적 기술을 최대 한도로 동원하고자 한다면 마땅히 과학기술은 잠정적으로나마 더욱 강조되어야 할 것이다. 개인의 관점에서 볼 때 나의 생계를 위해서 과학적 지식의 축적, 과학 기술의 습득이 다급하지 않다고 볼 때 나는 인문과를 더

자연과학과 인문과학

욱 중요시할 수 있다. 과학 교육과 인문 교육의 비중을 한 국가의 교육 정책상에서 볼 때 그것이 모든 학교, 모든 학생에게 일률적으로 결정될 수는 없다. 그것은 어느 분야의 학생 교육이냐, 어떤 종류의 학교이냐에 따라 달라져야 한다. 그러나 아무리 전문적인 기술 교육을 목적으로 하는 교육에 있어서나, 고도로 전문화된 과학자의 양성을 지향하는 고등 교육에서도 정도의 대소는 있을망정 인문 교육은 반드시 절대적인 필수 교육의 일부가 되어야 한다.

3 과학기술과 문화예술

　문화의 가장 원초적 의미는 자연과 대립됨으로써만 생기며 그 개념은 인간의 특수한 삶의 양식을 의미한다. 자연현상이 시간과 공간과는 상관없이 획일적으로 보편적이며 불변인 법칙에 의해 지배된다면 문화 현상은 다양하고 가변적이다. 바람 소리는 때와 장소를 초월해서 동일한 원리에 지배되고 의사 소통에 대한 필요성은 인간의 보편적 선천성을 나타낸다는 점에서 자연 현상에 속하지만 인간의 노래 소리나 인간의 의사 소통에 사용되는 인간의 언어는 때와 장소 그리고 언어 공동체에 따라 극히 다양하다는 점에서 문화 현상의 범주에 속한다. 이러한 뜻에서의 문화는 오로지 인간에게서만 볼 수 있는 현상이다. 그러므로 인간적인 것은 필연적으로 문화적이며 역으로 문화적인 것은 반드시 인간적이다.

　그러나 실제로 〈문화〉란 말은 그냥 〈인간 생활방식〉을 지칭하지 않고 인간의 정신적 욕구를 충족시켜주는 활동, 현상, 표현을 뜻한다. 인간은 자기 발달의 어느 지점에서부터 동물적, 즉 생물학적, 다시 말해서 물질적인 것 이외에 정신적 욕망을 추구하게 되었다. 이런 의미에서 문화culture는 문자 그대로 서양에서는 자연의 경작을 통해 이루어진 개발된 삶의 양식을 가리켰고 동양에서는 한문을 사용한 후 보다 고도화된 사회적 삶의 양식을 의미하게 되었다. 〈문화〉의 뜻을 전자의 뜻으로 정의할 때 이른바 원시 사회도 문화를 갖고 있다고 말해야 한다. 그러나 〈문화〉를 후자의 뜻으로 해석할 때 인류가 문화를 갖기 시작한 것은 상당히 늦어진다. 원시 사회는 물론 고대 사회도 문화를 갖지 못한 것으로 보아야한다.

〈문화〉 개념은 위와 같은 뜻으로 좁게 사용하기도 한다. 〈문화인〉 혹은 〈문화 사회〉라는 말은 물질적으로나 질적으로나 도덕적으로 상당히 높은 수준에 이른 고등 교육을 받은 사람 혹은 산업화된 사회를 지칭한다. 이런 뜻에서 〈문화〉는 단순히 〈도시화된 사회〉라는 뜻을 넘어서 〈발달된 문화〉라는 뜻으로 쓰이는 〈문명〉의 개념과 일치하며, 어떤 류의 형태를 갖춘 사회에 대한 총칭이나 오늘날 일반적으로 문화라는 말은 그보다도 더 좁은 뜻으로서 통용된다. 그것은 단순히 사회의 성격을 총칭하지 않고 훨씬 좁은 뜻으로 쓰여지면서 그 사회의 경제적 생활 활동과 구별되는 정신적 생활 현상을 지칭하게 되었다. 그리하여 문화는 보다 구체적으로 한 사회의 수준 높은 학문적 발달, 문학 예술 활동 그리고 깊이 있는 도덕적 의식을 의미한다.

이런 맥락에서 문화 전통과 경제 활동의 관계가 제기된다. 위와 같은 극히 좁은 뜻으로의 문화 없는 경제 활동은 충분히 가능하지만 경제를 전제하지 않는 문화는 생각할 수 없다. 그러므로 마르크스가 생각한 대로 인간의 물질적 조건은 정신적 현상에 선행된다. 그럼에도 불구하고 물질적 욕망을 채우기 위한 경제 활동은 그것이 아무리 중요하더라도 어디까지나 인간의 정신적 충족을 위한 수단에 지나지 않는다. 그러나 인간적 삶을 하나의 꽃나무로 볼 때 경제 활동은 땅속에 자라는 뿌리에 해당되고 문화가 향기로운 꽃에 해당된다는 사실에는 역시 변함이 없다. 문화야말로 동물로서의 인간을 인간으로서의 동물로 승화시키는 활동이며 방법이며 척도이다. 한 꽃나무의 뿌리의 궁극적 의미를 그 나무의 꽃과 그 꽃의 열매에서만 찾을 수 있는 것과 똑같이 한 사회의 경제의 궁극적 의미는 오로지 그 사회의 문화 활동과 그 열매로서의 문화적 유산에서만 발견된다.

문화 전통과 경제 활동의 관계를 위와 같이 분석할 때 한 사회에 있어서 이른바 경제계 인사들은 문화에 대한 의식은 물론 그 자신의 활동에 대한 의미도 깊이 반성해야 한다. 똑같은 논리적 근거에서 이른바 문화계 인사들은 경제 활동에 대한 의식과 아울러 자신들의 문화 활동에 대한 의식도 반성해야 한다. 이러한 점은 현재 경제적으로나 문화적으로 급변하는 한국에서 더욱 강조되어야 한다. 30년 진까지만 해도 전장의 폐허 속에서 절대 빈곤에 허덕였던 우리 민족의 가장 긴급하고 중요한 문제는 경제적 자립임을 뼈저리게 느끼지 않은 이는 단 한 명도 없었을 것이다. 민족적 지혜와 의지와 노력으로 현재와 같이 우리 스스로도 믿기 어려울 만큼 물질적 풍요를 누린다는 사실을 부정할 만큼 무지를 고집할 사람은 없을 것이다. 그러므로 경제적 기적을 주도한 경제인들, 노동자들 그리고 전 국민들이 경제적 가치를 더욱 맛보고 그들이 자신들의 경제적 성취에 긍지와 자부심을 갖고 있는 오늘의 한국 사회 상황은 쉽게 납득될 수 있다.

스스로 심오하다고 믿는 철학적 사색에 몰두한 나머지 균형 감각을 상실한 어떤 철학자들이나 자신의 달콤한 언어적 상상력에 도취되어 감상에 빠진 어떤 시인들이나 아니면 자신이 창조한 이미지에 황홀한 어떤 예술가들이 학문으로서의 과학, 도구로서의 과학적 기술, 그리고 그것을 바탕으로 이룩한 경제적 풍요를 남들 못지 않게 즐기면서도 편협한 이유만을 들어 과학적 탐구, 과학 기술의 개발 그리고 경제 활동을 비판, 조소, 저주한다면 그것 이상 모순되고 위선된 태도의 예를 찾기란 쉽지 않다.

과학적 탐구는 더욱 계속되어야 하며, 과학적 첨단 기술은 더욱 개발되어야 하며, 경제적 발전은 더욱 추진해야 한다. 한국의 과학자들, 기업인들 그리고 기술 노무자들의 사회적 기여의 비중은 결정적이다. 모든 국민들은 그들에게 진실한 감사의 뜻을 표현할 도의적 의무가 있다. 만약 과학적 뒷받침으로 이룩한 경제의 힘이 없었더라면 미흡하나마 오늘과 같은 문화 활동마저도 있을 수 없으며 시인, 소설가, 화가, 연예계 인사들은 현재와 같은 예술적 활동을 결코 할 수 없었을 것이다.

그러나 과학과 경제적 발전이 가져온 물질적 안락에 중독된 나머지 과학기술 및 경제 지상주의에 침몰하고 만다면 그것은 산을 못 본 채 그 숲만을 보고 산 전부를 알았다고 믿는 격과 전혀 다를 바 없다. 인간의 삶에 있어 물질적 충족이 아무리 중요하다 해도 참다운 인간적 삶의 보람은 정신적 충족을 떠나서는 존재할 수 없다. 그와 마찬가지로 문화가 없는 인간 사회는 인간적 사회가 될 수 없고 동물의 세계와 하등 다를 바 없다. 인간의 생리학적 건강의 궁극적 가치가 그 인간의 정신적 개화에서만 나타날 수 있듯이 한 사회의 풍요한 경제 활동의 최종적 의미는 그 사회의 문화 전통의 승화 속에서만 찾을 수 있다.

불행히도 오늘의 사회 일반적 현실은 날이 갈수록 더 황금 만능주의에 물들고 물질적 가치만이 강조되고 있다. 경제 활동과 문화 활동의 관계가 전도되어 가고 있다는 생각을 금할 수 없다. 경제 활동은 그것이 무엇을 위해서인가를 항상 반성한 후에 추진되어야 한다. 문제는 올바른 가치 의식이다.

어떠한 경제 활동도 그것이 추구하는 경제적 가치 이외의 가치를 전제하지 않고서는 시작할 수 없다. 그럼에도 불구하고 경제 활동 자체는 이윤적 가치를 제외한 그 밖의 모든 가치에 대해서는 아무런 결정도 내릴 수 없다. 그렇다면 경제 활동에 종사하는 사람들이 의식하든 못 하든 상관없이 그들의 활동은 이미 경제적 가치 이외의 어떤 가치를 전제하고 그것에 의존하고 있는 것이다. 문제는 그들이 추구하는 가치가 그릇된 것일 수 있으며, 그런 결과 경제적 발전이 장기적으로 봐서는 인간의 삶에 오히려 파괴적으로 작용한다는 데 있다. 현재 인류의 생존만이 아니라 지구 전체의 자연을 위협하는 공해와 생태계의 파괴가 이런 사실을 구체적으로 증명한다.

경제적 시각에서 볼 때 문화 활동이란 인간의 유희 본능의 표현에 지나지 않을지 모른다. 그것은 인간 생활에 진정한 가치가 될 수 있기는커녕 엄청난 낭비로만 보일 수도 있다. 그러나 이런 관점과는 전혀 다르게 문화 활동은 경제 활동이 전제하지 않을 수 없는 그 활동의 목적 즉 가치에 관한 부단한 실험장이며, 동시에 그런 가치의 결정체이며 그런 결정체의 표현이기도 하다. 한 사회의 문화란 부정적으로는 그 사회의 경제 활동이 이미 전제하고 있는 목적 즉 가치를 비판하는 기능을 하며 그와 동시에 긍정적으로는 경제 활동을 고려해서 더 적극적으로 지향해야 할 가치를 제시해 줄 수도 있다. 이런 시점에서 경제 활동은 그 사회의 문화 전통에 주의 깊은 관심을 항상 돌리고 있어야 한다. 문화 전통과 경제 활동이 위와 같은 관계를 유지함으로써 경제 활동은 그 사회의 문화 발전에 기여할 수 있고 오직 그렇게 함으로써만 경제 활동 자체의 진정한 의미와 가치를 가질 수 있다. 자신의 존재 이유와 존속 자체를 위해서라도 경제인들은 문화 활동을 위해 더욱 적극적으로 기여해야 한다. 경제적 뒷받침이 있어야만 문화가 꽃필 수 있다는 사실은 문화를 위한 경제적 뒷받침의 필요성을 더욱 요청하며 그런 뒷받침이 크면 클수록 그만큼 더 경제계에 대한 사회적 감사의 마음과 존경이 나타난다.

전 세계는 모두가 가속적으로 서로 얽히고 밀착하면서 다양한 이질적 문화, 특히 미국으로 대표되는 서구 문화의 혼탁한 홍수에 휩쓸려 소용돌이 속에 빠져 있다. 현재 한국은 그러한 현실을 가장 극단적으로 나타내는 무대이다. 우리는 싫든 좋든 경제, 정치, 사회, 그리고 문화적으로 혼탁한 역사적 변천의 진통을 앓고 있다. 경제 제일주의가 지배하게 되면서 우리의 전통적 사회와는 달리 모든 가치가 오로지 상품적 가치에 의해서 대체되어 가고 있다. 우리의 전통적 세계관과 가치관이 근본적으로 흔들리고 뒤바뀌어 가면서 우리 사회의 세계관과 가치관의 총체적 구현으로 볼 수 있는 우리의 문화 전통이 방향 감각을 상실한 채 방황하고 있다는 판단은 과히 틀리지 않다. 문화의 각계 각층에서 근래 차츰 예민해지고 있는 〈문화의 주체성〉에 대한 의식과 〈주체성〉을 찾아 지켜야 한다는 각성은 늦게나마 다행스럽다.

이런 맥락에서 전통의 의미는 재고되어야 하며, 문화 전통과 전통 문화의 구별이 각별히 필요하다. 어떤 나무나 꽃도 그 뿌리와 그 뿌리가 박고 있는 땅을 떠나서는 존재할 수 없듯이 어떤 인간도 그의 조상이나 그 조상들이 살다가 떠나간 사회를 떠나서는 존재할 수 없다. 어떠한 나무나 어떠한 동물이나 어떠한 인간도 그 자신의 구체적이고 고유한 과거와의 관계를 떠나서는 존재할 수 없으며, 그러한 과거는 각기 존재하는 것의 근원이며 토양이다. 한 사회의 문화도 예외는 전혀 아니다. 어느 정도의 긴 시간 속에서 수용되어 지속적으로 반복 유지되어 온 다양한 관습, 관례, 습관, 세계관이나 가치관 등을 통틀어 〈전통〉이라 부를 수 있다면 문화는 자동적으로 전통적이다. 한 사회의 세계관과 여러 가치관의 가장 총체적 표현으로 규정할 수 있는 문화는 일회적인 현상일 수 없고 반드시 상당한 기간 동안 지속적으로 유지된 것이기 때문이다.

그렇다고 해서 문화의 전통성, 즉 문화 전통이 영원불변함을 뜻하지는 않는다. 만일 한 문화 전통이 불변하다면 그것은 이미 전통일 수 없다. 어떤 사회 현상을 자연 현상의 일부가 아니라 문화 현상으로 볼 수 있는 근본적인 하나의 근거는 그것이 각 사회에 따라 다를 수 있고 같은 사회 내에서도 시대에 따라 다양한 변화를 일으킬 수 있기 때문이다. 문화는 필연적으로 변화의 가능성을 내포한다. 그러므로 같은 사회 공동체 내에서도 현재의 문화와 과거의 문화를 말할 수 있고, 한 사회의 긴 역사를 통시적으로 볼 때 하나의 전통이 또 하나의 새로운 전통으로 여러 번 대체되었던 역사적 사실도 이해할 수 있다. 그렇다면 과거에 존재했던 문화를 현재 살아 있는 문화 전통과 구별해서 전통 문화로 구별할 필요가 있다.

그러나 전통 문화는 반드시 사멸된 공공의 화석만은 아니다. 과거에 공룡이었던 전통 문화 중에는 부단히 변천하는 생존 여건에 지혜와 창의와 강인한 의지와 적응력으로 부단히 스스로 변모하면서 원숭이나 인간의 모습을 띤 현재의 문화 전통으로 진화해 왔다. 한 사회에서 중요한 전통 문화란 바로 위와 같이 그 사회의 현존하는 문화 전통으로 살아남은 것들이다. 문화가 한 사회의 세계관과 가치관을 표현한다고 볼 때, 한 전통 문화는 오래되면 될수록, 중요하게 여겨지면 질수록 그 사회의 가장 밑바닥, 즉 깊은 곳에 깔려 있는 세계관과 가치관을 구현해 보인다. 그러한 전통이야말로 가장 본질적이고도 전체적으로, 즉 가장 공시적이면서도 통시적으로 그 사회의 문화 전통을 드러낸다. 이러한 전통 문화는 한 사회 혹은 한 민족의 정신적 뿌리이며 모체로서 정신 생활의 근본적 틀의 역할을 한다. 그것은 한마디로 한 사회 혹은 민족의 고유한 특성이라는 뜻으로의 〈주체성〉의 마크에 지나지 않는다. 오늘의 문화 전통과 내일의 문화 전통의 창조가 아무리 중요하다지만 그 작업은 문화적 모체이며 뿌리인 전통 문화에 뿌리를 박아야 하며, 이것을 위해서는 새로운 이질 문화의 맹목적 수입에만 여념이 없어서는 안되며 우리의 전통 문화를 항상 재고해야 한다.

그러나 현재의 어느 한 전통은 그 사회에서 중요하면 할수록 그것은 역사의 한 유물로 존재하지 않는다. 그것은 현재 우리들에 의해서 역사적 여건에 맞추어 부단히 창조적 작업을 기다리는 영원히 미완성적일 수밖에 없는 한 사회의 역사적 예술 작품에 지나지 않는다. 그렇기 때문에 우리는 우리가 물려받은 전통 문화 앞에서 안도감과 긍지와 경건심과

과학기술과 문화예술

긴장감을 동시에 체험하게 되는 것이다. 이런 경우 전통 문화라는 말은 문화 전통이라는 말과 동일한 의미를 갖는다.

 문화 전통을 경제 활동의 시각에서 볼 것이 아니라 경제 활동의 의미를 문화 전통의 척도로 측정해야 하며, 전통 문화를 하나의 화석으로 볼 것이 아니라 예술가로서의 우리의 참여에 의해 제작될 미완성의 예술 작품으로 보아야한다. 이러한 판단은 모든 사회에 다같이 해당되지만 지독히 저속한 물질주의에 급속도로 물들고 있는 오늘의 한국 사회에 각별히 그렇다.

4 과학과 종교

하버드 대학 특히 MIT에 다니는 교포 학생들 가운데 많은 수가 종교인, 특별히 기독교를 믿는 독실한 신자라는 말을 들었다. 바이블 스터디 모임 같은 것을 조직하여 체계적으로 기독교에 젖어간다는 것이다. 과학자들 대부분이 교회에 나가고 교회를 위해 희생적으로 봉사하고 있음을 직접 혹은 간접적으로 알고 있다. 이러한 사실이 눈에 띠는 이유는 상식적 생각에서 볼 때 일차적으로 과학과 종교에 갈등이 있음을 전제하고 있기 때문이다. 철학이나 문학을 공부하는 학도라면 몰라도 최신의 컴퓨터를 만지고 가장 작은 미립자 물리 현상을 전자로 측량하고, 수학을 사용하고 그 구조를 설명하는 냉철한 과학자들이 어찌 하나님을 믿고 부처 앞에서 염불을 할 수 있겠는가?

가장 전형적이고 세력이 큰 종교를 기독교라고 전제할 때 과학과 종교의 갈등도 과학과 기독교의 접촉에서 가장 치열하게 의식되었다. 그 이유는 현대적 의미로서의 과학의 탄

128

생지가 우연하게도 기독교의 사상적 지배 속에 있는 유럽의 문화권과 일치했던 사실에서 찾을 수 있다. 갈릴레이의 지동설에서 기독교적 세계관에 금이 갔고 데카르트의 철학에 의해 갈릴레이적, 즉 과학적 우주관이 이론적으로 뒷받침되었고, 그러한 관점이 뉴턴의 역학에 의해서 실증된 것으로 생각된다. 그 후 다윈의 진화론, 프로이트의 정신분석학 등에 의해서 기독교적 인간관은 용납되기 힘들게 되었다. 갈릴레이, 데카르트가 교회에 발을 끊은 것도 아니고 종교를 믿지 못 하겠다고 선언한 것은 아니지만 그들의 관점은 기독교의 관점과 근본적으로 갈등을 일으켜 양립하기 어려운 것이었다. 지구는 우주의 중심이 아니며 인간은 하나님의 특별한 아들이 아니라 근본적으로 굼벵이에서 연장된 것에 지나지 않고 인간의 근본적 욕망은 영적인 것이 아니라 가장 에로틱한 것으로 보게 된 것이다.

과학은 이성의 산물이다. 과학적 관점에 의해서 자연 현상이 설명되고 그 원리에 따라 무수한 기계의 발명이 가능하게 되었다. 현대적 의미에서의 과학적 발견과 발명이 시작된 18세기 유럽에서 이성을 구하는 계몽사상이 꽃피게 되었다. 신에 의존하지 않고 과학적 힘에 의존함으로써, 신의 섭리를 따름이 아니라 이성의 논리를 찾음으로써 인간은 그때까지 상상할 수도 없는 문제를 해결하고 멀지 않은 장래에는 지상 천국이 이루어질 수 있다고 믿었다. 신이거나, 초월적 어떤 힘에 보다는 인간에, 인간이 선천적으로 가지고 있는 이성에 의존해야 한다고 확신하게 되었다. 이것이 바

과학과 문화

로 인본주의 즉 휴머니즘의 골자가 된다. 이러한 사상은 과
학의 발달이 가속도를 갖게 된 19, 20세기 중엽까지도 흔들
리지 않았다. 과학과 더불어 종교는 낡은 과거의 유물이 되
리라고 믿었다. 과학이 종교를 완전히 대신할 수 있으며 그
렇게 함이 인간 문화의 발달을 의미한다고 생각하였다. 18세
기말에 독일 철학자 피히테는 신의 개념을 인간 이미지의
상상적 확대로 설명하려 하였고 역시 독일의 철학자 니체는
마침내 신의 죽음을 선포했던 것이다.

　종교와 과학의 관계를 이와 같이 생각한 근거에는 종교와
과학이 다같이 인식적 기능, 즉 어떤 사실을 설명하는 기능
으로 진리를 드러낸다는 생각과 종교적 인식이 과학적 인식
에 비하여 원시적이라는 것 그리고 또한 두 가지 인식 양식
이 양립할 수 없다는 생각이 전제되어 있었던 것이다. 그러
나 20세기 초엽에 비교해도 상상할 수 없는 차원에까지 과
학적 이론과 기술이 발달된 오늘, 인공위성을 띄우고 심장
을 이식하고 인공 수정을 가능케 하며 인공심장, 인공지능
을 만들어낼 수 있는 오늘, 바로 그러한 작업의 전위적 역
할을 하는 과학자들이 종교를 버리기는커녕 더 열광적으로
믿고 있으며, 세계 여러 곳에서 일종의 커다란 종교 부흥이
일어나고 있다. 이러한 사실은 과학의 발달과 더불어 종교
가 없어지리라는 주장이 전제한 것과는 반대로 과학과 종교
가 서로 양립할 수 있다는 가능성을 시사한다.

　과연 과학과 종교는 어떠한 관계를 가지고 있는가? 이러
한 문제는 과학의 의미, 종교의 의미에 대한 우선적 재검토

130

를 요구한다. 과학 그리고 종교를 어떻게 정의하느냐에 따라 우리들의 물음에 대한 대답은 달라질 것이기 때문이다.

과학하면 자동차·전자기계·우주선·핵무기·의료품·비누·비타민 등을 연상한다. 그러나 그러한 물건들, 그것들이 차지하는 엄청난 기능들은 과학적 지식, 과학적 이론에 바탕을 둔 기술적 산물에 불과하다. 그러므로 여기서 과학이라고 할 때 우리는 무엇보다도 지식으로서의 과학을 의미한다. 지식은 진리와 연관된다. 진리는 사물 현상에 대한 옳은 인식 혹은 믿음에 지나지 않는다. 어떠한 사물 현상들이 존재하는가? 그러한 사물 현상들은 어떻게 움직이고 있는가? 어떻게 하여 〈ㄱ〉이라는 사건, 〈ㄴ〉이라는 사물이 발생하고 존재하는가를 밝히는 문제가 지식의 문제이며 그러한 것에 대한 옳은 대답을 진리라 부른다.

같은 문제에 대해 여러 가지 다른 해답이 나올 수 있듯이 같은 사물 현상을 설명하는 데에도 여러 가지 다른 설명이 나올 수 있다. 지식, 즉 이론으로서의 과학이 일종의 설명이라면 또한 종교도 일종의 상이한 설명이라고 볼 수 있다. 과학에 따르면 인간의 기원은 원숭이지만 종교에 따르면 인간은 하나님의 특별한 창조물이다. 과학에 따르면 처녀 잉태가 불가능하며 기적이 생각될 수 없지만 종교에 의하면 그러한 것이 가능할 뿐 아니라 실제로 있었던 역사적 사실이라는 것이다. 과학적 관점에 따르면 더 치료를 한다고 해서 이미 절망적인 암이 완쾌되거나 기우제를 지낸다고 별안간 비가 내려 가뭄이 가시지 않지만 종교의 입장에서 볼 때

기도로 어떤 효과를 가져오고도 남을 수 있다. 과학자의 관점에서 볼 때 천당이라는 존재는 도저히 생각조차 할 수 없는 세계이지만 종교에 의하면 그것은 의심될 수 없는 사실이며 죽어서 우리는 그곳에 가서 절대적으로 행복한 상황에서 영생을 누릴 수 있다.

물론 종교는 단순히 한 가지 형태의 지식이 아니다. 그런 점에서 종교는 종교적 지식 체계와 유사한 지식 형태를 갖고 있는 철학, 더 정확히 말해서 형이상학과 구별된다. 종교는 지식 이상의 것, 지식 이전의 무엇인가를 말한다. 그럼에도 불구하고 우리가 알고 있는 모든 종교는 체계화의 정도에 있어 엄청난 차이가 있을지라도 명확히 혹은 암암리에 어떤 지식의 체계에 바탕을 두고 있다. 다시 말해서 종교는 무엇보다도 어떤 형태의 의식을 수반하는 실천적 체계를 갖고 있지만 그러한 실천적 체계는 필연적으로 모든 사물 현상에 대한 어떤 진리에 바탕을 두고 있다. 천당에 하나님이 계셔서 우리의 이야기를 듣고 행위를 관찰한다는 것이 진리라고 믿지 않고는 하나님을 부르며 용서해 달라, 살려 달라고 기도한다는 것은 논리적으로 말이 되지 않는다.

이와 같은 점에서 종교를 하나의 지식의 형태로 보고 사물 현상에 대한 하나의 설명이라고 정의해도 틀리지 않을 것이다. 문제는 이런 지적인 입장에서 볼 때 불행히도 종교적 지식 체계는 과학적 지식 체계와 충돌한다. 정자와 난자가 합쳐져야만 애기가 나올 수 있다는 믿음과 하나님의 뜻만 있으면 그와 같은 원칙을 위반하고서도 동정 잉태를 할 수 있다는 믿음은 정면으로 충돌된다. 인간이 죽으면 최종 심판을 받아 천당·지옥·연옥으로 갈 수 있다는 믿음이 진리라면 인간은 죽으면 흙으로, 원소로 분해되어 다른 사물 현상으로 변형된다는 믿음은 진리가 될 수 없다. 갈등하는 두 가지 믿음은 결코 동시에 다 옳을 수 없다는 것은 가장 기본적 이율배반의 논리다. 과학과 종교가 진리의 차원, 인식의 차원에서 갈등할 때 우리는 반드시 둘을 다 버리거나 그 중 하나만을 택해야 할 필연성에 직면한다. 과학적 설명, 종교적 설명을 다 같이 동시에 좋다고 얘기할 수 없다. 가령 극단적인 예로 내가 암에 걸렸을 때 과학적 관점에 따라 수술하거나 아니면 종교적 입장에 따라 교회에 열심히 나가 기도해야 할 때 나는 동시에 두 가지 길을 다 택할 수 없다. 수술받으러 입원하면 나는 교회에 갈 수 없는 것이다. 그렇다면 어떻게 선택해야 할 것인가?

앞서 과학을 진보적 지식이라면 종교는 원시적 지식이라는 생각이 널리 보급되고 있음을 지적했다. 이러한 생각은 두 가지 지식의 양식 혹은 성질이 다르다는 것을 전제하며 원시적 지식이 그릇된 지식, 따라서 사실상 지식이 아니라는 결론을 암시한다. 뒤집어 말해서 과학적 지식만이 지식이며 종교적 지식은 실제로는 환상에 불과한 것이다. 오로지 과학적 지식만이 진리를 밝힐 수 있다는 것이다. 어떤 근거에서 과학의 우월성이 증명될 수 있는가? 지식으로서의 과학과 종교의 차이는 어디서 찾을 수 있는가? 흔히 생각하기를 그것은 지식의 서로 다른 근거 혹은 방법에서 찾을 수 있다고 생각해왔다. 과학적 지식이 구체적인 지각적 경험에 바탕을 둔 데 반해서 종교적 지식은 계시에 의존한다는 것이다. 다윈의 진화론적 근거는 그가 많은 동물, 인간들을 구체적으로 관찰한 데에서 찾을 수 있지만 창조론의 근거는 계시된 것으로 구체적인 관찰 없이 무조건 그런 생각이 옳다고 믿는 데에서만 찾을 수 있다는 것이다. 다른 말로 말해서 과학적 믿음은 실증될 수 있는 지식이고, 종교적 지식은 실험될 수 없는 믿음이라는 것이다.

　그러나 좀더 따지고 보면 이러한 전통적 철학 그리고 상식적 설명은 만족스럽지 않다. 갈릴레이의 지동설, 뉴턴의 역학, 아인슈타인의 상대성 원리, 보어의 양자역학 등은 결코 완전히 관측될 수 있는 사실에만 근거한 것이 아니라 한번도 관측되지 않고 한번도 경험할 수 없는 많은 전제와 추측 등에 근거하고 있다. 이와 유사하게 종교적 믿음이 전혀 경험과 관측과 관계 없는 것은 아니다. 믿음, 즉 신앙이 계시에 의한 것이라면 그 계시도 일종의 경험이며 관찰이라 하지 않을 수 없다. 오로지 과학적 관찰만이 관찰이라고 우긴다면 그러한 논리는 아전인수격인 공허한 논리의 오류에 바탕을 둔다.

　만일 오늘날 많은 사람들이 그리고 역사적 경향이 과학과 종교가 갈등을 일으키는 곳에서 과학의 편에 선다면 그것은 과학적 지식이 사물 현상을 보다 정확히 있는 그대로 보여주고 종교적 믿음이 왜곡된 사물 현상의 상을 보여주기 때문이 아니다. 지식·진리는 사물 현상의 복사임을 의미하지 않는다. 진리의 기준은 우리들의 믿음과 비춰볼 수 있는 믿음 이전의 지각 이전의 어떤 사물과 대조함으로써 결정되는 것이 아니라 한 믿음이 얼마만큼 의존할 수 있는 예측성을 갖고 있느냐에 달려 있다. 우리가 어떤 병에 걸렸을 때 의사의 말을 옳다고 믿고 약을 먹는다든가 수술을 받기를 택하고, 부처 앞에 공양물을 바친다거나 십자가 앞에서 기도를 하지 않는 이유는 의사의 말에 따르는 것이 사물과 사건의 현상을 보다 잘 예측할 수 있기 때문이다. 믿음의 예측성이 중요한 것은 그것이 우리들의 생존·생활에 실용성이 있기 때문이다.

이와 같이 볼 때 진리라는 것은 어떤 신비적인 것도 아니며 순수한 것도 아니다. 그것은 예측성과 떠날 수 없는 관계를 맺고 있고, 예측성은 실용성을 떠나서 생각될 수 없다. 요새 세상에 숫처녀가 없다지만 세상에 어디 순수한 진리, 숫진리가 있겠는가? 이러한 측면, 실용성이라는 관점에서 보더라도 종래 많은 종교에서 주장하고 믿고 있는 사실은 과학적 믿음에 비할 때 실용성이 없다. 따라서 진리가 될 수 없다. 그렇다면 지식으로서의 종교, 만물 현상을 설명하는 이론으로서의 종교는 그릇된 것, 원시적인 것, 하나의 환상이라고 말할 수 있다. 이러한 사실을 인정할 때 종교를 과학과 대립시키고 종교를 버리거나 배척해야 함은 당연하다. 근대에 와서 많은 철학자·사상가들이 종교를 규탄하게 되었던 이유가 충분히 납득된다.

잘 알려진 대로 마르크스는 종교를 가리켜 아편이라고 했다. 종교는 진리를 밝혀주지도 않으며 우리를 구원해주지도 않는다. 그것은 오히려 우리들의 고통을 소극적으로, 아니 파괴적으로 마비시키는 심신적 진통제로서의 아편의 효과를 가져올 뿐이라는 것이다. 아편의 효과를 갖고 있는 종교는 피지배자 계급을 순종케 하는 지배 계급의 지배 수단으로 이용된다는 것이며, 피지배자가 그들의 처지에 반항하여 개선할 수 없게 그들의 능력을 마비시킨다는 것이다. 또한 〈신은 죽었다〉고 외친 니체는 종교, 특히 기독교가 생긴 것은 몇몇 소수 사람들, 강한 권력을 갖고 있는 지배자들의 압박을 받고 있는 피지배자, 이른바 〈우민의 떼〉들이 그들에게 고통을 주는 지배자에게 심리적으로 복수하기 위하여 고안한 간교한 지적 덫이라고 주장했다.

심리학자 프로이트에 의하면 무력한 애들이 그들을 보호해주고 그들이 의존할 수 있는 아버지가 필요하듯이, 어떠한 사람도, 아무리 힘 많은 사람들도 어쩔 수 없는 죽음 앞에서 무력함을 의식한 인류가 공통적으로 인류의 보호자로서의 아버지상을 상상해냄으로써 신이라는 개념을 꾸며냈고 그럼으로써 종교가 생겼다는 것이다. 물론 그에 의하면 신은 실체가 아니라 인류의 소망을 투사한 하나의 환상에 불과하다는 것이다. 마지막으로 사회학자 뒤르켕은 사회의 질서와 통제에 없어서는 안될 권위자의 사회적 필요성에 의해 만들어진 사회학적 상상물이 신이며, 그러한 신에 무조건 숭배와 복종이 요구됨으로써 종교가 생겼다는 것이다.

어떠한 학자들의 학설을 따르든 간에 그들은 종교를 부정

과학과 종교

적으로 보고 있으며 종교적 믿음은 의식이 발달되고 문화가 발달된 오늘날 극복·제거되어야 한다고 생각한다. 문자 그대로 받아들일 때 종교라고 믿는 것들은 그 표면상에 나타난 주장과는 전혀 달리 전혀 근거 없는 엉뚱한 주장이며 그러한 엉뚱한 주장, 즉 종교적 교리에 근거를 둔 종교적 의식은 미신에 근거한 허깨비, 전혀 의미 없는 행위라는 것이다. 그러나 종교의 발생, 신의 존재를 믿게 된 동기가 사회학적으로 혹은 대중 심리학적으로 설명된다 해도, 그리고 종교가 사회에게나 개인의 삶에 어떤 해독을 갖고 왔으며 또 현재 그렇다고 전제하여도 종교의 진리, 신의 존재가 부정될 수 있는 것은 아니다. 아인슈타인이 어떤 개인적 동기에 의해서 물리학을 공부하게 되었고 그러다가 상대성 원리를 발견했던 것과 상관 없이 상대성 원리는 진리로 남을 수 있다. 이와 같이 볼 때 지금까지 여러 형태의 종교 비판은 종교의 완전한 부정을 의미하지 않는다. 위의 비판들이 모두 옳다고 인정하여도 종교가 그와 동시에 결정적으로 부정되는 것이 아니라는 말이다.

앞에서 본 바와 같이 종교적 진리를 전제하고 그것을 믿는 사람에게는 종교적 진리는 흔히 상극된 관계를 갖고 있으며 따라서 그러한 진리를 믿을 수 없을 것 같다. 앞에서 예로 든 몇 가지 종교 비판, 종교 부정의 근거가 희박하다 해도 과학적 진리를 믿는 입장에서 종교는 부정될 수 있을 것 같다. 그러나 이러한 종교 비판에는 모든 진리가 실증적이어야 한다는 생각과 또한 모든 언어는 언제나 똑같은 기능을 하고 있다는 생각이 전제되어 있다. 그러나 진리는 반드시 실증적인 것만은 아니다. 과학이 도달할 수 없는, 즉 실증적으로 진리와 허위가 거론될 수 없는 비실증적 세계, 시간과 공간을 초월한 세계를 상상할 수 있다. 천문학자 칼 세이건은 무한한 우주의 세계에 관해 말하고 있다. 그러한 우주는 역시 논리적으로 실증될 수 있는 세계, 즉 과학이 대상으로 하는 세계이다. 그러나 우리는 그러한 세계 밖에 있는 세계를 필연적으로 생각하지 않으면 안된다. 물리적 한계를 넘은 비물리적 무한한 우주, 물질적 기원을 설명할 수 있는 비물질적·시간적·존재 기원을 생각하지 않으면 안된다. 이와 같은 경우 우리는 이미 실증적인 영역, 과학이 담당할 수 없는 세계에 접하고 있는 것이다. 그렇다면 그런 세계의 진리는 실증적으로 입증될 수 없음이 자명하다.

　종교가 실증적으로 증명할 수 없는 시간과 공간을 초월하는 초월적 세계에 관한 진리를 전달하려고 할 때 종교는 부득이 실증적인 이 세계에서 통용되고 적용되는 언어를 빌릴 수밖에 없다. 그렇다면 그 언어는 실증적 차원에서 적용되는 기준과 그러한 기준에 의해 결정되는 의미를 가질 수 없는 것이다. 바꿔 말해서 비록 우리가 사용하는 말과 똑같은 말을 사용한다고 해도 종교가 그 언어를 사용할 때는 일상적인 의미와 다른 의미, 즉 상징적인 의미, 은유적인 의미만을 갖게 될 것이다. 요약하면 종교에서 사용되는 말의 의미를 실증적으로 받아들여서는 아니되며 따라서 종교의 진리를 과학적 진리와 비교하여 그것이 틀렸다고 부정할 수 없다. 흔히 의심하지 않고 전제되고 있는 바와는 반대로 과학의 진리와 종교의 진리를 서로 비교하는 것은 근본적인 잘못이다. 여기에서 19세기의 덴마크 철학자 키에르케고르가 합리적으로 신을 증명하려던 데카르트를 고발한 이유를 이해할 수 있다. 그는 신의 존재, 그리고 기독교의 진리를 합리적으로 증명하려고 했던 종래 수많은 철학자들이 근본적으로 착각하고 있음을 지적했다. 그는 신을 믿고 어떤 종교를 갖느냐 아니냐의 문제는 이성과는 아무 상관없는 〈무조건의 믿음〉의 문제에 지나지 않는다고 역설했다.

　위와 같은 사실을 인정할 때 과학적 진리와 종교적 진리는 서로 비교될 수 없으며 따라서 대립시켜 생각할 수 없음을 알게 된다. 처음 생각했던 바와는 달리 오늘의 과학자들, 뛰어난 과학자들이 독실한 불교 신자가 되고 열렬한 기독교 신자가 된다고 해서 모순이 없으며 놀랄 것이 없다. 그러나 어떠한 것이 가능하다는 말은 그 가능한 것이 실재한다는 주장과는 다르다. 가능성이 곧 실재가 아님은 자명하다. 과학적 진리를 옳다고 믿고 그것을 따르면서 종교적 진리를 옳다고 믿고 그것을 따르는 데에는 모순이 없지만 그렇다고 우리가 알고 있듯이 과학적 진리가 옳다는 것과 똑같이 우리가 모르는 종교적 진리가 똑같이 옳다고는 말할 수 없다. 종교적 진리는 부정될 수도 없지만 그것은 긍정적으로 증명될 수도 없기 때문이다.

　그럼에도 불구하고 모든 종교는 어떤 사실에 대해 적극적으로 진리라는 것을 주장하고 나온다. 모든 종교는 각기 그것들의 특수한 교리를 갖고 있다는 말이며, 한 종교의 교도가 된다는 것은 그러한 교리가 옳다고 인정함을 뜻한다. 그러나 문제는 그러한 교리를 어떻게 진리라고 믿을 수 있으며, 따라서 어떻게 하나의 신자로서 어떤 종교에 개종할 수 있느냐에 있다. 앞서 본 바와 같이 모든 종교적 주장은 오로지 가능할 뿐이지 그것의 진리가 결코 긍정적으로 입증될 수도 없고 부정적으로 반증될 수도 없다. 뿐만 아니라 불행히도 여러 가지 종교적 주장이 서로 양립될 수 없는 갈등을 갖고 있다. 이러한 사실은 경험적으로, 이성적으로 볼 때 구체적인 모든 종교적 교리가 옳다고 믿기가 어려워짐을 더욱 입증하며, 따라서 지적인 입장에서 볼 때 구체적으로 어떠한 종교의 교도가 된다는 것이 극히 불편함을 보여준다.

이러한 물음에 대하여 다음과 같은 대답이 나올 수 있다. 모든 종교는 겉보기와는 달리 똑같은 진리를 말하며, 내가 각별히 불교 신자가 되는 이유는 그것이 우리의 전통적 종교였기 때문이라고 말할 수 있다. 그러나 불행히도 많은 종교가 종교적 진리라는 명목으로 실제로 서로 싸우고 점령하고 살생을 쉽사리 하기도 했었다. 불행히도 불교의 교리는 기독교의 교리와 결코 양립할 수 없다. 따라서 엄격히 말해서 불교 신자와 기독교 신자는 상대방이 아직 해탈 이전의 어둠에 방황하고 있다거나 아니면 악마의 손에서 벗어나지 못하고 있다고 손가락질하게 된다.

이와 같은 사실의 지적에 대하여 다음과 같은 대답이 고안될 수도 있다. 종교를 믿는다는 것은 극히 거북스러운 일

같다. 그러나 이러한 결론은 과학자가 종교를 가질 수 없다는 말이 아니며 종교를 부정해야 한다는 이야기가 아니다. 만일 종교의 뜻을 보다 넓은 뜻에서, 그리고 가장 근본적인 뜻에서 해석하여 신학자 폴 틸리히가 말한 대로 〈궁극적 관심〉이라고 정의한다면, 즉 과학이 도저히 미칠 수 없는 삶과 죽음의 수수께끼, 아니 존재 자체의 수수께끼, 이 모든 현상의 궁극적 의미에 대한 애타는 물음과 찾음이 종교라고 한다면 아무리 철저한 과학자도 충분히 가장 독실한 종교적 인간이 될 수 있으며, 거꾸로 아무리 절을 자주 찾아가고, 교회를 자주 드나들며, 불경이나 성서를 줄줄 외워도 종교인이 아닐 수 있다.

현재 과학기술이 인공 심장을 만들고, 현대 물리학이 혼돈되어 보이는 사물 현상에 깔려 있는 엄격한 수학적 질서를 보이든, 아니면 수학적 질서를 가진 것 같은 밑바닥에 걷잡을 수 없는 혼돈의 세계를 보이든, 사물 현상, 그 현상의 의미, 그리고 그런 의미를 찾는 인간의 존재는 과학 밖에 놓여 있는 문제이며, 그것은 궁극적으로 풀릴 수 없고 그저 신비할 뿐이다. 설사 교회나 절에는 가지 않아도 우리는 다같이 이러한 신비에 젖고 무한한 경의를 느끼지 않을 수 없다. 그렇다면 우리 중 아무도 넓은 의미, 아니 가장 근본적인 의미에서 종교적인 영역을 벗어나지 못한다. 우리는 다같이 종교적이다.

5 작가와 과학자

과학자의 의심할 수 없는 상징인 아인슈타인은 소설읽기를 시간 낭비라고 말했다 한다. 그가 문학에 아무런 가치를 두지 않고 있었다는 말이다. 그러면서도 그는 어느 수준까지 올라간 바이올리니스트로 노년에 이르러서도 틈틈히 연주하며 음악을 즐겼다 한다.

아인슈타인의 생각과 행동은 문학과 예술 일반에 대한 그의 생각을 엿보게 한다. 예술의 기능은 지적 기여를 함에 있지 않고 감정의 정화에 있다는 것이며, 이러한 예술은 음악에서 가장 순수한 형태로 나타난다는 것이다. 허구적 이야기에 불과한 문학은 지적 기능도 할 수 없을 뿐만 아니라 그렇다고 감정을 정화하지도 못한다는 것이다.

과학자로서 위대한 발견을 한 사람임에는 틀림 없지만, 예술 일반, 그리고 예술의 중요한 쟝르인 문학에 대한 아인슈타인의 이해는 너무나도 소박하다. 불행히도 예술 일반 그리고 문학에 대한 아인슈타인의 그릇된 생각만이 일반 대중 특히 과학자들의 생각만이 아니라 때로는 많은 작가 그리고 예술가의 문학관이나 예술관까지를 지배하고 있다.

위와 같이 그릇된 예술관과 문학관에 기초해서 예술 특히 문학은 과학과 서로 배치되는 역할을 하는 것으로 전제되고, 예술가 특히 작가는 과학자와 서로 대립되는 다른 종류의 활동을 하는 인간으로 생각해왔다. 과학자가 객관적 진리에 종사하는 반면 작가는 상상된 허구적 세계 속에서 감정의 유희를 즐기고 있다는 생각이 오랫동안 굳어왔다.

그러나 과학자가 일종의 진리에 종사한다면 작가도 다른 종류의 진리에 봉사하며, 문학 작품 그리고 예술 작품이 상상력의 산물이라면 과학도 역시 상상력의 작품임에는 틀림없다. 훌륭한 문학 작품을 접함으로써 사물 현상과 인생을 보는 냉철한 눈을 새롭게 뜰 수 있다면, 건조한 과학 이론을 이해했을 때 황홀한 미적 즐거움을 체험할 수도 있다.

문학이라는 예술은 물론 모든 예술 양식의 근본적 기능은 개인적 감정의 도출이나 정화에 있지도 않고, 얽히고 뜨거운 감정을 배설하거나 진정시키는 데에도 있지 않다. 만약 이러한 현상이 예술 작품의 창작이나 감상의 과정에서 나타난다면 그것은 다만 예술의 부수적 결과에 그친다. 과학이 보여주는 현상은 이미 객관적으로만 존재하는 사물들이 아니다. 그것은 과학자의 상상력에 의해서 제안된 사물 현상에 대한 하나의 관점이며, 이런 관점에 맞춰 새롭게 비친 현상과 만났을 때 예술적 기쁨을 체험하게 된다.

미신, 종교, 형이상학 등도 과학과 마찬가지로 사물 현상에 대한 어떤 신념을 제시하지만, 그것들이 과학적 주장과 구별될 수 있듯이, 이른바 과학적 주장에도 지적으로 별로 의미 없는 것들이 허다할 수 있으며 사실 그렇다. 과학에 있어서와 마찬가지로 문학 작품 가운데에는 그 본래의 기능상 전혀 의미 없는 것들이 그렇지 않은 것보다 많다. 그러나 위대한 과학 이론을 통해 밝혀지는 세계 앞에서 무한한 기쁨을 체험할 수 있는 것과 비례해서 위대한 문학 작품을 통해 체험되는 세계와 인생에서 과학이 미치지 못하는 허다한 진리를 발견하고 그만큼 새로운 사실을 배우게 된다. 위와 같은 사실은 상식적으로 잘못 생각하고 있는 바와는 달리 작가가 뜻하는 것과 과학자가 의도하는 것은 대립되기보다도 유사함을 증명해 준다. 이 두 사람들이 다같이 의도하는 것은 어떤 대상을 밝혀내고자 하는 데 있다. 과학 이론과 문학 작품을 통해서 많고 다양한 사실들을 배우고 그런 것들에 대한 새로운 시각을 찾게 되는 경우가 많다.

그러나 차이는 있다. 의도하는 바가 동일하지만 작가의 작업과 과학자의 탐구는 그것들이 밝히려는 대상의 성질과 그들이 제공하려는 사물 현상에 대한 지적 양상의 형태에서 뚜렷한 차이를 드러낸다. 첫째, 과학은 흔히 자연과학과 인문·사회과학으로 구분된다. 이 구분은 과학적 연구 대상의 존재학적 차이에 근거한다. 자연과학의 대상이 순전히 물리 현상인 반면에 인문·사회과학의 대상은 물질로 환원될 수 없는 정신 현상이다. 철학자 딜타이 이후 이러한 구별이 타당한 것으로 수용되어 자연현상이 설명을 요구하는 반면에

작가와 과학자

인문·사회 현상은 이해를 요구한다고 오늘날까지 주장되어 왔다.

설명은 객관적으로 존재한다고 전제되는 보편적 인과법칙을 전제로 하며 이해는 인위적으로 제정된 가변적 현상에 의존된다. 엄밀한 뜻으로 과학은 반드시 인과법칙에 의한 설명만을 추구한다. 만약 이른바 인문·사회과학이 인과법칙과는 전혀 다른 모델에 의해 어떤 정신 현상을 이해하려고만 한다면 그것은 이미 과학이 아니다. 이러한 사실은 여러 인문·사회과학들까지도 자연과학의 방법에 따라 궁극적으로 인과적 법칙으로 설명하려는 여러 시도에서 나타난다. 심리 현상을 뇌세포의 인과적 함수로 설명하고자 하는 신경 심리학, 사회 현상을 생물학 유전자로 설명하려는 사회생물학등의 개발은 과학이 지향하는 암의 모델에 궁극적으로 인과적 설명에 귀착함을 보여주는 예가 된다.

과학자가 모든 현상을 궁극적으로 물리적 현상으로서 접근한다면 작가가 밝히고자 하는 대상은 자연과 사회 속에 살아가면서 체험되는 삶의 드라마이다. 인간의 삶은 생물학적 작동임에는 틀림 없지만 그러나 과학적으로 설명될 수 없는 체험의 차원을 갖고 있다. 구체적으로 체험되는 삶은 긴장된 갈등과 혼동, 즐거움과 아픔이 얽히는 드라마이다. 도덕적 또는 종교적 차원에서 이러한 삶의 드라마는 더욱 고조된다. 작가의 지적 대상은 인간의 구체적 삶이며, 그가 추구하고 밝히고자 하는 것은 삶이라는 도덕적 혹은 종교적 의미이다.

삶의 내적 드라마를 인식 대상으로 삼는 작가가 인간의 다양한 감정과 밀접한 관계가 있고 그러한 것에 예민해야 함은 마땅하다. 그러나 많은 사람들이 안이하게 생각하고 있는 바와는 달리 작가는 이성을 잃고 감정에만 흔들리는 사람이 아니며 문학 작품을 쓴다는 것은 아무리 달콤해도 값싸기만한 감상을 분출시키는 행동이 아니다. 작가는 과학자와는 다른 종류의 것일진 모르나 과학자 못지 않게, 아니 그 이상으로 냉철한 지성의 소유자여야만 하며, 작품을 쓰는 작업에는 엄청나게 복잡하고 세밀한 지적 계산과 전략을 필요로 한다.

둘째, 작가와 과학자가 다같이 무엇인가를 밝히며, 알려고 하는 데에는 다름이 없다. 또한 그들이 각기 보여주는 사실이 다같이 상상력의 산물임에는 변함이 없다. 과학적 지식이 객관적이라는 말은 그 지식이 어떤 객관적 사실을 있는 그대로 반영한다는 뜻이 아니다. 어떤 과학적 지식도 절대적으로 증명될 수 없다. 그 지식이 과학적이란 말은 아직껏 실증적으로 반증되지 않았다는 사실을 의미할 뿐이다. 오로지 종교적 주장만이 절대적이다. 절대성을 주장하는 과학적 주장은 언제나 어느 정도는 가정적이다. 따라서 그만큼 허구적 측면을 탈피할 수 없다. 이런 점에서 과학도 문학과 근본적으로 다를 바 없다.

그럼에도 불구하고 그들이 다른 점은 그들이 각기 제시하는 세계의 양상, 더 정확히 말해서 각기 그들의 주장에 대한 그들의 태도의 양상에 있다. 과학적 명제가 단정적 판단

작가와 가치

양상을 띠고 있다면 문학적 서술은 제안적 판단 양상을 갖고 있다. 과학자가 자신의 명제가 사실과 일치한다고 단정적 입장을 취한다면 작가는 자신의 서술을 거울 삼아 객관적 사실을 관찰하기도 하고 설명 가능한 것을 가설적으로 제안하는 것으로 만족한다. 작가가 제안한 새로운 시각의 틀을 통해서 객관적 사실 혹은 세계 혹은 인생은 지금까지 의식하지 못했던 모습으로 새롭게 인식할 수 있다. 문학의 위와 같은 기능을 통해서 인생은 물론 모든 현상에 대한 관습적 우리들의 생각, 신념들이 재검토되거나 개선되거나 혹은 대치될 수 있다. 문학을 통해 열린 참신한 세계에 대한 관찰을 통해서 인생에 대한 우리의 이해는 그만큼 풍부하고 세밀하고 진실해질 수 있다.

　문학과 과학은 서로 대립되지 않는다, 그것들은 역동적·상보적으로 얽혀 있다. 작가가 인생의 과학자라면 과학자는 자연의 시인이며, 문학 작품이 삶의 실험 데이터라면 아인슈타인은 우주의 놀라운 상상가였다. 한 시대의 과학에 어둡고는 위대한 작가일 수 없는 만큼 시적 상상력이 결핍된 사람에게서 위대한 과학자를 기대할 수 없다.

6 과학과 생명의 형이상학

생물과 물질은 어린애들도 쉽게 가려낸다. 그러나 막상 생물의 본질이 그 밖의 존재들의 본질과 어떻게 다르냐를 결정하기란 생물학자나 철학자에게도 그리 쉽지 않다. 본질적 물음은 형이상학적 물음이다. 우리는 지금 생명의 형이상학적 속성을 찾으려는 것이다. 그러나 문제에 대한 답을 더듬기 전에 먼저 형이상학적 문제의 성격을 밝힐 필요가 있다. 그 다음 기존하는 답들을 서로 비교 대립시키면서 그 것들의 타당성을 검토하고, 마지막으로 보다 적절한 새로운 대답을 제안해 보기로 한다.

1 생명의 형이상학적 문제

■ 생명 재고의 동기
육체와 대조되는 의식의 본질에 대한 물음에 비추어 생명의 본질에 대한 물음은 철학사에서 별로 중요한 문제로 제시되지 않았다. 그러나 현재 상황은 다르다. 인간은 지금 물리적으로 정서적으로 그리고 지적으로 심각한 도전과 위협을 받고 있다. 날로 악화되는 공해와 생태계의 파괴는 인류의 실존적 위협으로 나타나고, 과학적 세계관이 인간의 자존심에 정서적 상처를 내고, 첨단 과학기술이 세계와 사물 현상과 인간에 대한 우리의 오래 된 근본적 신념을 흔들어 놓고 있다. 반 세기전만 해도 상상해 볼 수 없었던 공해가 생태계의 파괴와 인류의 존속을 심각하고 절박하게 위협하게 됐다. 그것이 무엇인지는 확실히 않지만 반드시 어떤 깊은 의미가 있다고 믿었던 우주는 갈릴레이, 데카르트, 뉴턴 등에 의해 정묘하지만 무의미한 기계로 나타났다. 다윈은 만물의 영장으로 자처했던 우리 인간이 원숭이와는 물론 버러지와 근본적으로 다르지 않음을 시사했다. 이런 사실에 우리는 지적 충격을 받고 우리의 자존심은 깊은 상처를 입게 됐다. 인간을 포함한 모든 생명체는 돌이나 빗방울과 다름 없이 분자나 원자로 완전히 분해될 수 있는 물질에 지나지 않는다는 첨단 과학의 강력한 학설이 우리가 갖고 있던 물질, 생명체 그리고 인간 간의 근본적 차이에 대한 신념을 가차없이 당혹스럽게 부수어 놓으려 한다. 이처럼 지금 우리가 생물학적 멸종과 지적 파선에 직면한 현 상황에서 인간의 본질만이 아니라 더 일반적으로 생명의 본질에 대한 다양한 고찰과 대처가 절실하다. 한 종으로서의 인간의 생존만을 위해서도 그렇다. 오늘날 생명에 관한 생물학적 및 지적 심각성은 생태계와 인간의 보존을 위한 구체적 행동만이 아니라 보다 본질적 차원에서 생명의 본질과 의미에 대한 철학적 고찰을 요청한다.

■ 형이상학적 문제는 어떤 성질의 것인가

〈철학〉이란 말에는 여러 의미가 있다. 흔히 그리고 고대로부터 철학은 진리의 추구를 의미했다. 여기서 철학은 과학은 물론 어쩌면 예술에 비추어 스스로를 규정할 문제를 갖게 된다. 과학은 물론이고 어떤 의미에서는 예술도 진리를 추구하고 있기 때문이다. 이런 문제를 풀 수 있는 현대적 철학관이 나왔다. 이른바 분석철학가들의 철학관이 그 예이다. 이 관점에 따르면 철학은 어떤 객관적 진리를 발견함에 있지 않고 다양하게 사용되는 언어의 개념적 의미와 개념들 간의 수평적 논리를 정리하고 밝힘으로써 개념적 교통 정리를 하는 작업에 불과하다는 것이다. 개념 정리는 그 자체로서는 지적으로 불만족스럽다. 그것의 궁극적 목적은 역시 사물 현상에 대한 〈진리〉의 탐구, 보다 보편적이고 보다 근본적 진리 탐구에 있다. 그러므로 〈철학적〉이란 〈근본적〉 혹은 〈궁극적〉이란 말과 같은 뜻을 갖는다. 사물 현상에 대한 우리의 인식은 우선 지각에 근거한다. 그러나 지각적인 것은 시간과 공간 속에서 변한다. 그러므로 어떤 대상에 대한 인식은 지각적 차원을 넘어 〈지비각적〉일 수밖에 없는 본질을 추구한다. 비지각적 존재에 대한 탐구는 전통적으로 〈형이상학〉이라 불려왔다. 그러므로 여기서 특별한

경우를 빼놓고는 〈철학〉과 〈형이상학〉을 같은 의미로 이해
해도 좋다. 생명에 대한 전문적 진리 탐구의 분야를 〈생물
학〉 혹은 〈생물과학〉이라 한다. 그러나 과학으로서의 생물
학은 지각적 경험에서 출발하고 지각적 경험에서 끝난다.
그러므로 생명에 대한 〈생물학적〉 진리는 그것이 곧 〈철학
적〉 혹은 〈형이상학적〉 진리가 될 수 없다. 후자의 입장에
서 볼 때 전자에 있어서의 진리는 피상적이고 만족스러울
수 있을 만큼 근본적이지 않다.

■ 형이상학은 경험과학을 전제하나?

생명의 형이상학은 생명에 대한 본질적 진리를 찾고자 한
다. 따라서 생명이란 무엇인가 라는 우리의 형이상학적 물
음에 대한 대답은 생물과학적으로 불가능하다. 그러나 이러
한 비가시적 즉 형이상학적 진리는 가시적 진리, 예컨대 일
상 경험적 진리 혹은 과학적 진리를 전제하거나 아니면 그
런 것을 자료로 쓰지 않으면 불가능하다. 그러므로 생명의
형이상학은 가장 첨단적 생명 과학적 지식 즉 정보를 먼저
알아 보아야 한다. 철학 즉 형이상학과 과학을 혼동해서도
안되지만 분리해서도 안되는 것은 그것들이 서로 뗄 수 없
는 상호 관계를 갖고 있기 때문이다.

생명의 형이상학적 문제는 생명의 본질을 규정하는 비가
시적인 무엇이 있는가 없는가를 결정하는 문제이며 그런 것
들이 실제로 존재한다면 그것이 과연 어떤 종류의 것인가를
결정하는 문제가 된다. 이와 같은 생명에 대한 형이상학적

문제 제기는 다윈 이래 적지 않은 생물학자들에게 인간과 침팬지 같은 고등 동물의 근본적 차이가 확실치 않게 되었 듯이 적지 않은 과학자들에게는 생명과 비생명의 정확하고 결정적 구별이 잘 서지 않고 있음을 전제한다. 가시적 차원 에서 생명체와 비생명체의 차이는 인간과 동물의 차이보다 더 분명하다. 다윈의 진화론이나 멘델의 유전학이 발명된 후에도 생명체와 비생명체 간의 차이는 누구에게나 자명한 것으로 전제되어 왔다. 그러나 그러한 전제는 금세기 후반 부터 하루가 다르게 발전하는 진화 현상과 유전 현상에 대 한 분자생물학, 신경과학, 인지공학, 인공지능, 유전공학 등의 발달로 생물과 인간에 대한 본질 그리고 각기 그것들 의 존재론적 즉 형이상학적 특수성에 대한 우리의 신념이 무너지고 있거나 아니면 크게 흔들리게 됐다는 데서 문제가 생긴다.

■ 형이상학의 본질은 세 가지

생명의 형이상학적 본질에 대한 위와 같은 이론적 갈등은 과학적 세계관이 새롭게 형성됨으로써 그 세계관과 전통적 세계관의 충돌의 형태를 띤다. 그러나 똑같은 갈등은 최신 의 첨단 과학의 결과에 대한 해석에서도 반영된다. 이것은 갈등되는 두 개의 입장 간에 어떠한 입장을 택하든 과학과 생명의 형이상학적 본질에 관한 검토와 논쟁과 판단은 과학 적 세계관 특히 첨단 과학의 과학적 결과를 검토하지 않고 는 공론에 그칠 것임을 의미한다. 한편으로 전통적 세계관

에 내포된 생명관과 과학적 세계관에 내포된 생명관 간의
갈등과 또 다른 한편으로 첨단 과학 내부에서 생기는 생명
관의 갈등은 존재론 즉 형이상학적 차원에서 유물론과 생명
론 또는 기계론과 유기론 간의 대립으로 나타난다. 그리고
그 대립은 다같이 존재론과 인식론에서 일원론과 이원론 혹
은 다원론 간의 갈등으로 그 모습을 띤다. 한편 인식론적
시각에서 볼 때 생명의 본질에 대한 갈등은 인과적 설명이
함의하는 환원주의와 목적론적 설명이 전제하는 총체주의
간의 양상으로 축소된다. 이러한 두 입장 간의 다양한 갈등
은 결국 생명을 물질의 형태로 보느냐 아니면 물질이 생명
의 형태로 될 수 있느냐 아니냐의 문제를 제기한다. 요컨대
문제의 초점은 〈생명〉과 〈물질〉 간의 환원성으로 축소될 것
같다.

그러나 사정은 그렇게 단순치 않고 선명치도 않다. 헐 C.
Hull에 의하면 〈환원〉이라는 말은 철학자나 과학자들에 의해
서 다양하게 사용되는데 그것은 대체로 인식론적, 물리
적, 그리고 이론적 등 3가지 종류로 구분된다. 첫째 인식론
적 환원은 인식 이론과 인식 대상 간의 관계 문제로서 이론
적 개념의 지칭 대상을 보다 기본적 대상으로 환원시킴을
의도한다. 가령 모든 과학적 명제는 입장에 따라 물리적 대
상 혹은 감각 자료로 환원된다는 것이다. 둘째 물리적 환원
간에는 인식 이론이 가정하는 사물들 간의 관계에 걸린다.
그 환원에 의하면 어떤 사물의 체계는 그 구성요소로 분석
되며, 이런 구성요소에 의한 설명은 그것들의 속성에 의해

다시 설명됨을 의미한다. 가령 가스의 속성은 분자 운동으로 설명되고 유전자의 형태는 분자의 형태로 환원되어 설명된다. 셋째 이론적 환원은 이론 체계 간의 관계에 관여되는데 한 이론의 전제는 다른 이론의 전제에 의해서 설명됨을 말한다. 가령 열역학 이론은 통계역학 이론으로, 케플러의 천체 운동의 법칙과 갈릴레이의 물체 낙하의 법칙은 뉴턴의 만유인력의 법칙 속에 환원되어 설명된다는 것이다. 위의 세 가지 환원은 서로 연관이 있다. 헐이 설명한 환원은 과학 철학에서의 환원에 국한된다. 그러나 같은 논리가 모든 철학적 영역에도 적용될 수 있다. 과학에서 존재는 필연적으로 물리적인 존재이다. 그러나 철학에서는 전혀 다르다. 모든 존재가 반드시 물질적이라는 법은 없다. 그러므로 헐이 말하는 〈물리적〉 환원은 훨씬 포괄적 의미를 갖는 〈존재론적〉 환원이란 개념으로 대체되어야 한다.

생명체와 비생명체가 존재론적으로 서로 환원된다거나 아니면 그렇지 않다는 말은 그것들이 서로 동일한 존재라거나 아니면 이질적 존재라는 말이기는 하나 그런 존재의 본질이 도대체 무엇인지에 대해서는 말을 하지 않는다. 그런데 이런 존재의 본질 즉 형이상학적 속성이 무엇인가에 대한 대답은 구체적 실험에 앞서 논리적으로 세 가지 가능성으로 검토될 수 있다. 즉 물질과 생명이 서로 환원된 결과로 나타나는 본질의 속성은 제1과 제2의 가능성인 각기 물질이거나 생명일 것이며, 제3으로 가능한 것은 생명도 물질 아닌 의식 혹은 정신이라는 형이상학적 속성을 갖게 될 것이다.

과학과 생명의 형이상학

2 생명의 형이상학적 탐구 방법

■ 물질 환원은 전략적

인식은 그 대상의 존재를 전제하며 존재는 인식을 전제한다. 따라서 인식과 존재는 서로 떼서 생각할 수 없다. 그러나 필요에 따라 우리의 초점은 그 중 하나의 문제에 집중될 수 있다. 이 자리에서 우리의 관심은 생명의 존재적 본질 즉 생명의 본질이 물질적 본질로 환원될 수 있느냐 아니면 그 역이냐 혹은 생명도 물질도 아닌 무엇인가의 형이상학적 속성으로 환원될 수 있느냐를 알아보는 데 있다. 문제는 방법적으로 생물과 물질 가운데 어떤 것을 먼저 다른 것에 환원시켜 보는 작전이 바람직한가를 결정하는 데 있다. 논리적으로만 볼 때 생명의 물질적 환원이 있을 수도 있고 그것의 역도 될 수 있다. 그렇다면 생명의 본질을 캐내는 작업을 하는 데 어떤 식의 환원으로부터 시작해야 할 것인가?

과학적 사고의 발생 초기, 고대 그리스의 아리스토텔레스에서 한 예를 볼 수 있듯이 생물 현상 특히 인간 형태의 설명 모델은 물리 현상까지 설명하려 했다. 인간의 본성은 자신의 욕망을 충족시키고 생물들은 번식하려고 애쓰듯이 높은 곳에서 낮은 곳으로 떨어지는 자연 현상은 바위가 자신의 자연스러운 즉 원래적 자리에 가려는 바위의 본성으로 설명되어 왔다. 그러나 갈릴레이의 천문학, 데카르트의 철학 그리고 뉴턴의 역학 이후 정반대의 태도가 등장했고 그런 태도는 시간의 흐름에 따라 더욱 확산되고 확고해지는 추세이다. 물리 현상을 설명하는 데 사용했던 설명의 틀이 생물 현상, 인간 행동, 사회 현상까지를 일괄적으로 오로지 인과적 법칙에 의해서만 설명하자는 것이다. 데카르트가 주장했던 바와는 달리 물질적 존재에 대한 확신은 비물질적 존재에 대한 신념보다 더 원초적이며 더 확실하며 더 보편적인 것 같다. 모든 인식이 확실성을 전제로 하는 만큼 덜 확실한 신념 즉 명제는 그보다 더 확실한 명제에 비추어 그 진위를 결정할 수밖에 없다. 그러므로 생물체와 물질 간의 환원성의 문제에 있어서 후자가 전자로 환원될 수 있느냐를 검토하는 것보다는 전자가 후자로 환원될 수 있느냐를 검토함이 방법론적으로 마땅하다. 생물체의 물질적인 실질적 환원의 가능성이 가장 확실하게 보여지고 있는 것은 각 분야에서의 첨단 과학적 지식과 기술 특히 최신의 첨단 생명 과학이다. 이와 같은 사실에 눈을 감지 않는다면 생명의 형이상학적 고찰이 생명의 과학적 고찰과 개념적으로 구별되어야 하지만 전자는 후자를 전제하지 않고는 자칫하면 공허한 탁상공론에 빠짐을 알 수 있다. 그래서 물질의 생명 환원 가능성을 시도하기보다 생명의 물질적 환원 가능성을 우선적으로 시험해 보는 편이 전략적으로 효과적일 것이다. 첨단 생명과학은 이와 같은 전략이 자명한 선택임을 전제하고 모든 생명 현상을 궁극적으로는 순전히 물리적 현상으로만 환원될 수 있음을 전제한다.

156

■ 대립되는 이론의 비교 · 검토

그럼에도 불구하고 바로 그러한 첨단 생명과학의 탐구 결과는 아직도 위와 같은 기계론적 유물론이 형이상학을 결정적으로 확인하는 데까지 이르지 못하고 있다. 첨단 생물 과학자들 간에도 생명의 본질에 대해 대립되는 형이상학적 견해를 갖고 있다는 말이다. 첨단 과학 내부에서의 생명의 형이상학적 본질에 대한 갈등은 전통적 즉 현대 과학 이전까지 지배했던 세계관에 내포된 생명의 형이상학과 근대 과학의 발달과 더불어 현대 과학 그리고 최신 첨단 과학이 발달되면서 세계적으로 지배하는 세계관에 내포된 생명의 형이상학 간의 갈등을 반영한 것이다. 그리고 생명의 형이상학적 본질에 대한 상반되는 대답은 더 일반적으로 각기 전통적이라 부를 수 있는 생명관과 과학적이라 명명될 수 있는 생명관이 있다. 그렇다면 우리가 밝히고자 하는 생명의 형이상학적 본질은 전통적 생명관과 과학적 생명관을 첨단 과학이 보여주는 여러 객관적 사실에 비추어 서로 비교 검토하는 방법으로써 가장 효과적으로 접근되고 밝혀질 수 있다.

전통적 생명관과 과학적 생명관의 대립 관계는 인식론의 양측에서 서로 다르게 좀더 구체적 양상을 띠고 나타난다. 인식론적으로 볼 때 위의 두 가지 생명관은 각기 목적론적 설명 모델과 인과적 설명 방법과의 갈등으로 나타나고, 존재론적으로는 유기적 생명론의 형이상학과 기계론적 유물론의 형이상학으로 대립하며, 인식론과 존재론의 양측에서는 환원적 일원론과 전체적 이/다원론 등으로 나타난다.

3 대립된 생명의 형이상학

■ 목적론적 설명과 인과적 설명

생명의 형이상학적 즉 비가시적 본질에 대한 인식은 바로 그 생명의 현상이라는 차원에서 이루어진 지각적 인식에서 출발하고 그러한 인식에 뿌리를 박은 것이어야 할 것이다. 어떤 대상을 하나의 현상으로서 지각적으로 인식한다는 것은 구체적으로 지각되는 그 현상을 설명함에 지나지 않는다.

그렇다면 지각 대상의 차원에서 생명적 현상과 물리적 현상은 어떻게 설명될 수 있는가? 고대에는 항상 그랬지만 오늘날에도 적어도 일상적 차원에서는 예외 없이 생물 현상과 물리 현상은 각기 달리 독립된 두 양식 즉 목적론적 설명 양식과 인과적 설명양식을 갖는다. 모기가 살을 쏘는 사실은 피를 빨아먹고자 하는 모기의 목적에 의해서, 연어가 목숨을 걸고 갯물을 따라와 알을 낳고 죽는 현상은 그 생선이 자신의 새끼를 번식하려는 목적에 의해서 설명된다. 이와 같은 목적론적 설명이 봄에 싹이 나고 꽃이 피는 현상에도 적용될 수 있을런지 모른다. 식물이나 동물의 현상들과는 달리 적어도 오늘날 산업화된 사회에서 돌이 땅에 떨어지거나 물이 어는 현상은 각기 그것들의 물리적 원인에 의해서만 설명된다. 앞서 언뜻 비쳤듯이 원시 사회에서는 물리 현상까지도 목적론적으로 설명하는 경향이 많았다. 그러한 예는 당시로는 극히 과학적 정신을 갖고 있었던 철학자 아리스토텔레스에서도 찾을 수 있다. 헤겔의 형이상학적 역사철학이나 떼이야르 드 샤르댕 P. Teilhard de Chardin의 형이상학적 진화론은 가장 거창한 사념적 존재에 가장 포괄적으로 적용된 목적론적 설명의 예이다. 오늘날 이른바 선진 사회에서도 일상생활에서는 인간의 행동이나 생물의 형태는 물론 물리 현상까지도 목적론적으로 설명하는 경우가 적지 않다.

목적론적 설명은 설명 대상이 어떤 목적을 갖고 있는 의도적 주체임을 전제하며 인과적 설명은 그러한 전제를 부정한다. 적어도 지각적 차원에서 우리가 생물이라고 분류할 수 있는 모든 존재가 반드시 일종의 목적을 갖고 있음을 부정할 수 없다. 그것은 과거에도 그랬고 현재도 그러하며 교육을 받지 못한 사람에게도 그렇고 첨단 과학자에게도 그렇다. 만일 이러한 전통적 그리고 지각적 신념에 근거가 있다면 인간을 비롯한 모든 생물 현상은 물리 현상에 적용되는 인과적 설명과는 별도로 목적론적 설명만이 적용되어야 할 것 같다.

그러나 우리가 너무나 자명하다고 전제해왔던 상식과는 다른 입장이 있을 수 있다. 17세기에 이미 데카르트는 물리 현상들은 물론 인간을 제외한 모든 생명체들은 한낱 교묘한 기계에 불과하다고 믿었다. 이 철학자의 이러한 존재론적 신념은 모든 생물 현상도 물리 현상과 똑같은 방법에 의해 설명될 수 있음을 암시한다. 아무튼 20세기 초엽에 생긴 논리 실증주의적 과학철학을 대표하는 예를 들어 햄펠 Hempel이나 그의 제자 러드너 Rudner 혹은 심리학자 스키너 Skinner

같은 이들은 모든 경험적 앎은 과학적이고 모든 과학적 앎은 한결같이 똑같은 과학적 설명이 가능한 것이라 하며 과학적 방법이란 가설 연역적 구조를 가진 인과적 설명 방법이며, 그러한 통일된 설명 방법이 물리 현상은 물론 생물 현상, 인간의 심리 현상 그리고 사회 현상에 일률적으로 적용될 수 있다는 것이다. 그리하여 이들은 통일과학을 지향하고 그러한 과학의 가능성을 믿는다.

이것은 모든 과학의 통일이 각기 그것들의 인식 대상의 획일적 동질성에 의해서 이루어진다는 말이 아니다. 과학의 분류가 존재하고 있는 사실은 과학적 탐구의 대상이 다양함을 말해 준다. 과학의 통일은 그 대상이 아니라 그것의 방법으로만 이루어질 수 있다는 것이다. 왜냐하면 과학적 신념을 다른 신념으로부터 구별해 주는 유일한 근거는 그 신념의 내용과는 상관 없이 오로지 그 신념에 도달하는 절차 즉 방법일 뿐이며 이런 방법으로 얻은 신념만이 진정한 의미에서 앎 즉 지식이라는 것이다.

그러나 논리실증주의가 주장하는 위와 같은 과학적 방법론 즉 가설-연역적 설명 모델과 대립되는 목적론적 설명 모델은 원시적 사회의 낡은 유산이거나 오늘날까지도 과학적 지식에 어두운 일반 대중의 그릇된 관습만으로는 볼 수 없다. 논리실증주의자들이 주장하는 일원론적 과학의 방법론에 대한 저항, 따라서 일원론적 지식관에 대한 강력한 비판과 반발은 첨단 과학에 익숙한 철학가들 가운데서도 잘 나타나고 있다. 사회철학자 윈츠, 역사철학자 드레이 Dray, 그리고 과학철학자 폴라니 Polanyi가 그렇고, 해석학의 창설자 딜타이가 19세기에 이미 그랬고, 그 뒤 가다머와 리꾀르가 그에 동조하고 있다. 이들에 의하면 자연 현상과 사회 현상 사이에는 각기 그 성질상 동일한 방법을 적용할 수 없고 전혀 다른 설명 모델을 필요로 한다.

논리실증주의가 믿고 있는 과학적 방법의 모델이 물리 현상은 물론 생명 현상에까지도 적용될 수 있을지 모른다. 이와 같은 방법에 바탕을 둔 물리 혹은 생물 현상에 대한 인식을 〈설명 erklären〉이라 부른다. 이런 방법과는 다른 인식의 모델 즉 논리실증주의자들의 일원적 인식 방법과 구별되는 해석학적 인식 모델을 〈이해 verstehen〉라고 부른다. 인식 대상의 존재론적 속성에 따라 설명을 요구하는 것이 있고 그와는 달리 〈이해〉를 요구하는 것이 있다는 것이다. 하나의 현상은 그것이 어떤 물리적 인과법칙의 한 예로서 실증되었을 때 그것은 〈설명〉된다. 이와는 달리 어떤 현상이 어떤 의미 체계의 문법적 규범의 틀 안에서 무엇인가의 언어적 기능을 하는 한 예로서 보여졌을 때 그 현상은 〈이해〉된다. 〈설명〉은 어떤 현상을 순전히 물질로 보고 그것의 기계적 작동을 밝히는 작업을 의미하며, 〈이해〉는 어떤 인식 대상을 하나의 기호 즉 언어로 읽는 행위를 지칭한다.

일원론과 이원론 중 어떤 입장을 택하든 하나의 인식론이 각별히 특정한 존재론적 입장을 결정하지는 않는다. 물리 현상에 적용될 수 있는 인과적 설명 모델이 생물학은 물론 사회과학에도 한결같이 적용돼야 한다고 주장하는 논리실증주의는, 생물은 물론 인간의 심리 현상 그리고 사회 현상도 궁극적으로 물리 현상에 지나지 않는다는 존재론적 유물론을 필연적으로 전제하지는 않는다. 거꾸로 과학의 이원론적 방법론을 주장하는 철학자들이 논리적으로 이원론적 존재론을 전제하지는 않는다. 그러나 대체로 전자는 일원론적 유물론을 은밀히 전제하고 후자는 이원론적 존재론을 암암리에 전제한다. 이런 상황에서 일원적 유물론이 옳다는 것이 입증되면 논리 실증주의자들이 주장하는 일원적 과학 즉 인식 방법이 보다 강력히 정당화될 수 있다. 첨단적 발달을 하면 할수록 과학은 유물론적 세계관이 옳다는 신념을 더욱 굳게하는 것 같다.

■ 기계론적 유물론과 유기적 생명주의

기계론적 유물론은 고대 데모크리토스의 원자론적 세계관 속에 이미 암시되고, 갈릴레이, 데카르트의 철학, 뉴턴의 역학, 다윈의 진화론, 멘델의 유전학에서 그러한 암시가 진리일 가능성으로 바뀌고, 최근의 다양한 형태로 나타난 첨단 생명과학에서 그러한 가능성은 더욱 확고한 신념으로 굳어가는 것 같다.

생명을 가진 모든 존재, 따라서 인간을 포함한 모든 생명체는 우선 순전히 물질을 의미하는 단 세 가지 화학 원소 C. O. H로 표시된다. 만일 생물이 이같은 화학 원소로 충분히 서술된다면 그것은 점차적으로 작아지는 미립자의 현상으로 서술된다. 즉 화학 원소들은 분자로, 그 분자는 원자로, 그 원자는 전자로, 그 전자는 쿼크 등등으로 거의 무한히 분석되고 그런 미시적 물질로서 서술될 수 있다는 것이다. 생물리학, 분자생물학, 신경물리학, 유전공학, 인공지능, 뇌신경학, 지능공학 등등의 전위적 과학들의 결과는 모든 생명이 완전히 물리적 미립자로 분석되고 서술될 수 있음을 구체적으로 거의 확신시킨다. 생명도 물질과 근본적으로 다른 이질적 실체를 지칭하는 말이 아니며 물리적 현상을 어떤 용도에 비추어서 효율적으로 서술함에 지나지 않는다는 것이다.

모든 생물이 순전히 물리적인 속성으로 완전히 설명된다면 인간도 예외일 수 없다. 그렇다면 인간의 고유한 속성으로 전제되는 의식, 자아, 영혼은 동물로서의 인간을 구성하는 물리적 속성을 〈실용적으로 유용하며 경제적으로 효율적인 것으로 서술한 것〉에 지나지 않는다. 가령 철학자 데넷 Dennet은 생각의 신비로운 원천으로 믿어져 왔던 〈두뇌를 하나의 기계라 주장하고, 스스로 자신의 존재에 대해 신비로움을 느끼는 인간〉도 역시 하나의 기계에 지나지 않음을 오래 전부터 역설해왔다. 여태까지 아무도 의심해 본 적이 없는 한 인간 내부에 존재한다고 믿었던 자아 혹은 영혼, 사랑과 같은 감정도 한결같이 물리적 현상으로 만족스럽게 설명된다고 주장한다. 쌕크스 Sacks는 인간의 물리학적 설명과 동시에 이른바 자아나 영혼의 존재 개념이 양립할 수 있음을 논한다.

모든 물리 현상이 기계적 인과 관계에 의해서 설명될 수 있다면 인간을 포함한 모든 생물체는 역시 기계에 지나지 않는다. 물질, 생물체, 식물, 동물 그리고 인간은 서로 본질적 즉 형이상학적으로 차이가 없다. 어떤 사물에 붙혀진 생명, 자율성, 영혼, 정신, 존엄성, 자아, 목적 등의 개념들은 근본적으로 똑같은 현상에 대한 다양한 목적을 충당시키기 위해 고안된 전략적 서술에 지나지 않으며, 따라서 그것들이 지칭하는 듯한 특별한 존재 즉 순전히 물리 현상으로 분석되지 않는 특별한 형이상학적 지칭 대상들은 따로 존재하지 않는다.

만일 생명의 본질이 물리적 속성으로 완전히 환원되고 또한 생명의 물리적 충분조건을 완전히 안다면 그런 조건을 충족시킴으로써 신비롭게만 생각되던 생명은 마치 공작품을 만들 듯이 인위적으로 제작될 수 있다. 실제로 이런 시험이 벌써 얼마 전부터 있었다. 그런 시험이 아직 만족스러운 해답을 주고 있지는 않지만, 랑통 Langton이 어느 인터뷰에서 말한 바에 의하면 몇천 년 후가 될 지 모르나 언젠가는 인공적 생명이 제조될 것이고 따라서 〈인간은 기계이다〉라고 확언할 수 있다는 것이다. 그에 의하면 컴퓨터를 사용하면 생명만의 독특한 형태를 나타내는 물리적 조건을 이미 만들 수 있다는 것이다.

그럼에도 불구하고 위와 같은 일원적 유물론이 주장하는 생명관의 어려움은 인공 생명 제작이 아직까지 성공하지 못하고 있는 사실에도 있지만 우리가 관찰할 수 있는 생명 현상의 신비성, 물질과 생명 간의 지각적 단절성에 있다.

164

　모든 생명은 어떤 의미 어떤 목적에 의해서 움직인다는 사실이 물리 현상의 인과적 법칙에 의해서는 아무래도 설명되지 않는다. 노벨상 수상자이며 생화학자인 모노 J. Monod는 유물론적 형이상학의 테두리를 떠나지 않고 이 문제를 풀려고 한다. 어떤 상상력으로도 도달할 수 없는 물질의 최소 단위를 구성하는 미립자들이 조합될 수 있는 통계적 가능성은 무한이라 할 만큼 크다. 그런 조합으로부터는 우리의 상상력이 미칠 수 없는 모든 종류의 존재가 새로 만들어질 수 있다는 것이다. 생명도 동물도 인간도 다같이 그러한 조합의 결과이며, 그러한 조합은 어떤 신비스러운 존재에 의해 목적을 달성하는 수단으로 미리 계획된 것이 아니라 완전히 우연의 결과라는 것이다. 자연 현상을 철칙같이 엄격히 지배한다고 믿고 있는 자연의 필연적 법칙도 역시 우연의 소산에 불과하다는 것이다.

　이와 같은 첨단 과학의 결과와 첨단 과학자들의 주장은 아리스토텔레스의 아니무스 animus와 아니마 anima로 불리우던 형이상학적 생명체에 대한 신념, 보다 우리 가까이에서 한 때 이목을 끌었던 과학자 드리쉬 H. Driesch의 생명 혹은 유기주의적 생명관 그리고 베르그송 H. Bergson이 그의 책 『창조적 진화론』에서 주장한 엘랑 비탈 elan vital 즉 〈생명 활소〉라 명명한 형이상학적 생명관이 잘못되었음을 결정적으로 뒷받침하는 사례로 해석될 수 있다. 베르그송의 진화론이 철저히 사념적 형이상학을 대표하고 있지만 그것이 목적론적이라는 점에서 그의 진화론은 다윈의 생물학적 진화론과 다를 바 없다. 다윈의 진화론의 중추를 이루고 있는 적자생존에 의한 〈자연선택 natural selection〉의 개념은 〈자연〉에 어떤 목적이 있음이 전제되어 있는 듯하다. 그렇다면 다윈의 진화론이 말하는 바 생물 현상은 물론 베르그송이 논하는 바 형이상학적 우주 전체는 목적론적으로만 설명될 뿐 기계적 인과 관계로는 물론 〈우연〉의 소산으로도 만족스럽게 설명될 수 없을 듯싶다.

첨단 과학자들 혹은 첨단 과학 기술자들은 물론 그러한 이들에게 큰 감탄을 보내지 않을 수 없는 철학자들의 대부분도 일원적 유물론의 형이상학을 수용한다. 그러나 똑같은 결과가 같은 첨단 과학자들은 서로 다른 과학자들 간에 서로 다른 생명의 형이상학으로 유도한다. 소수이긴 하나 적지 않은 첨단 과학자들과 철학자들은 똑같은 첨단 과학의 결과에서 기계론적 유물론의 일원적 형이상학을 거부하고 이원적 아니면 다원적 형이상학을 수용하여 적어도 생물의 형이상학적 속성만은 물리적 속성으로 환원될 수 없을 것으로 해석한다. 가령 생물학적 진화론의 세계적 권위자로 알려진 해밀턴 W. Hamilton은 생물의 〈자연선택〉 현상의 물리적 현상을, 모든 현상을 오로지 〈우연〉으로만 보고자 하는 앞서 말한 생화학자 모노와는 달리, 어떤 초월적 즉 정신적 또는 영적 인격자의 〈의도〉를 전제하고 오로지 목적론적으로밖에는 달리 이해될 수 없음을 암시한다. 이와 같이 첨단 과학이 날로 발달하는 바로 21세기의 문턱에 새삼 생명이라는 환원될 수 없는 형이상학적 존재와 그런 존재에 대한

〈목적론적〉 설명이 보다 적절할 수 있다는 것과 그와 아울
러 과학 때문에 죽은 줄 알았던 〈살아 있는〉 신의 존재 가
능성이 다시금 생기게 되었다는 보도도 있다. 한마디로 생
명의 형이상학적 본질에 대한 문제는 첨단 과학에 의해서
결정적 해결을 보기는커녕 오히려 더 혼탁하게 된 듯하다.
과연 생명은 무엇이냐? 그것은 물질로 환원될 수 있는가 그
렇지 않은가? 후자의 경우 그것의 형이상학적 속성은 어떻
게 서술될 수 있는가? 여기서 다시 문제로 돌아 왔다. 이제
우리는 일원론적 유물론도 아니며 이원론 혹은 다원론도 아
닌 존재 일반에 대한 존재론의 가능성을 생각해 보아야 할
것이다.

4 존재의 비개념성

■ 생명의 물질성

아무리 생명이 물질과 다르고 그것들 중의 어느 하나가
다른 어느 것인가로 환원될 수 없다 해도 물질적 조건을 완
전히 떠난 생물체는 실제로 발견할 수 없고 상상할 수조차
없다. 이런 구체적 사실은 생명과 물질 사이에는 서로 뗄
수 없는 관계가 있을지 모른다는 것과 그러한 관계가 우연
적이 아니라 필연적임을 암시한다. 별도의 범주에 속하는
두 가지 구체적 존재간의 관계가 필연적이라는 사실은 그
관계가 절대적이 아니라 비절단적 즉 불연속적이 아니라 연

속적이기 쉽다는 것을 암시하며, 그러한 존재의 범주와 존재 자체간의 의미론적 관계, 여기서는 더 구체적으로 〈생명〉과 〈물질〉이라는 존재 〈범주〉의 개념들과 각기 이런 낱말들이 지칭한다고 전제되는 구체적 생명체들이나 물질들 간의 의미론적 관계가 재고되어야 함을 시사한다. 이러한 관계에 대한 재고가 어쩌면 〈생명〉의 본질을 밝히는 데 도움이 되는 현명한 길이 될지도 모른다.

■ 〈단 하나〉로서의 존재 : 개념적 단절성과 존재적 연속성

존재 범주를 가리키는 한 개념은 한편으로 그것과 다른 개념과 논리적으로 구별되고 또 다른 한편으로는 그것이 지칭하는 대상과 역시 논리적으로 엄격히 구별된다. 가령 〈생명〉이나 〈물질〉이라는 존재 개념들은 각기 그것들이 지칭하는 대상인 구체적 생물체나 구체적 물질과는 역시 논리적으로 엄연히 구별된다. 그리고 생명이란 말의 개념적 의미와 물질이라는 말의 개념적 의미는 〈개〉 혹은 〈외뿔소〉라는 말의 개념적 의미의 경우와 꼭 마찬가지로 애매모호하지 않고 투명하며 따라서 그것들 간의 관계는 혼동될 수 없다. 요컨대 반드시 어떤 기호 즉 언어로 표시되어야 하는 존재 범주를 가리키는 말들의 의미는 논리적 즉 개념적 단절 disconti-nuity 관계를 이중으로 갖는다. 그것들은 한편으로 자신의 지칭 대상 즉 어떤 존재와 단절 관계를 갖고 있고 다른 한편으로는 개념들 간의 논리적 즉 개념적 단절 관계를 갖는다.

물론 개라는 개념과 외뿔소라는 존재 개념들은 보다 포괄

적 개념인 동물이라는 개념 속에 포함 통일됨으로써 그 속
에서 비단절적 continuous 연관 관계를 갖는다. 그리고 동물
이란 개념은 식물이라는 개념과 단절적 관계를 갖고 있지만
그것들은 보다 포괄적 존재 개념인 생물이라는 범주에 속할
것이다. 그러나 다른 개념들과는 달리 이 두 개의 개념들을
포괄할 수 있는 더 포괄적 현상적 존재 개념을 생각해 낼
수 없다. 이 두 개념만은 개념상 서로 단절적 즉 비연속적
관계를 벗어날 수 없다는 말이다.

그러나 한편으로는 생물이라는 개념과 물질이라는 개념의
단절성은 다른 한편으로는 각기 그런 개념이 지칭하는 구체
적 생명이라는 존재 즉 생명체들과 구체적 물질 즉 물체들
과의 단절성을 자동적으로 함의하지 않음을 명백히 염두에
두어야 한다. 개념 간에는 절대적 단절이 있지만 존재 간에
는 단절이 없다. 생명이라는 개념과 물질이라는 개념은 결
코 혼동될 수 없이 서로 다르지만, 어떤 구체적 현상 혹은
존재를 생물이라는 범주 속에 분류해야 하는가 아니면 물질
이라는 범주 속에 분류해야 하는가의 결정은 절대적 확신을
갖고서 내릴 수 없다. 즉 구체적인 어떤 것들을 존재적 즉
현상적 차원에서 볼 때 그것들 간의 관계는 단절적이 아니
라 지속적이라는 것이다. 파란색과 노란색 혹은 원숭이와
인간은 각자 개념상 분명히 서로 다르지만 구체적으로 각기
그것들이 정확히 어떻게 해서 절대적으로 구별되는가를 결
정할 수 없다. 우리는 우리의 신념과 경험 대상들을 수 없
이 다양한 개념 속에 분류한다. 그러나 그러한 존재의 분류

는 엄밀한 차원에서 볼 때 어디까지나 개념적 분류에 지나지 않지 실제로는 엄격히 분류될 수 없다. 좀 비약적인 논리로 말해서 모든 존재는, 이미 老莊이나 철학적 힌두교나 철학적 불교나 그 밖에도 플로티누스나 스피노자 B. Spinoza 나 니체 등이 알고 있듯이 궁극적으로는 어떠한 방법으로도 단절될 수 없는 〈단 하나〉, 즉 물질이라는 개념이나 생명이라는 개념으로도 서술될 수 없는 〈전체로서의 하나〉이다. 우리가 언어를 사용해서 개념적으로 표시하는 사물 현상의 다양성은 각기 독립된 다양한 존재들을 지칭하지 않고 다 똑같은 하나 혹은 전체라고밖에는 달리 부를 수 없는 존재의 다양한 측면들에 불과하다.

이런 관점에서 볼 때 한 존재를 다른 존재로 환원한다는 것은 무의미하다. 물질을 생물로 환원한다거나 생명을 물질로 환원한다는 것은 다같이 처음부터 공허하다. 물질의 본질을 물질적으로 규명하려는 양자 역학은 궁극적으로 물질이 그냥 물질적 개념으로 이해될 수 없음을 물리학적으로 증명했다. 물질과 비물질의 구별이 거의 그 의미를 잃게 되었다는 말이다. 그렇다면 인간을 비롯한 모든 생명을 서로 끊어서 생각해서는 안될 고리로서 연결되어 있는 것과 똑같은 이유와 논리에서 물질, 생물 그리고 인간은 서로 간에 어떠한 선도 명백히 그을 수 없는 연속적 관계를 갖고 있는 것으로 파악되어야 한다. 〈단 하나〉로서의 존재 전체 안에서 서로 다른 다양한 모습으로 나타나는 현상들을 어떤 척도에 의해서 그것들간의 우열 계층을 매긴다는 것은 무의미하다. 인간이 동물보다 우월하다거나 생물이 광물보다 귀하다는 주장은 아무 근거도 갖지 않는다. 생명의 형이상학적 본질과 그 의미도 위와 같은 포괄적 형이상학의 새로운 비전의 테두리 안에서 파악되어야 한다.

5 맺는말

자신이 갖고 있는 지적 능력을 자부해 온 인간이지만 그는 지금까지도 자신의 울타리에 갇혀 살아왔다. 그는 세계를 인간중심적 anthropocentric 입장에서 의인적 anthropomorphic으로만 보아왔다. 그러나 첨단 과학의 새로운 발견과 그것들에 대한 철학적 고찰은 위와 같은 세계관이 하나의 환상이었음을 증명한다. 불행히도 인간중심적 세계관은 무고(無辜)한 것이 아니었음을 우리는 이제서야 깨닫게 되었다. 과거에 그것은 잘해야 인류의 허영심을 채우는 아편의 기능을 했고 오늘에 와서 그것은 인류의 존속이 걸린 위협으로 나타났다. 오늘 인류가 해결해야 할 가장 결정적 문제인 생태계의 파괴는 인간중심적이며 의인적 세계관의 소산이기 때문이다. 이제 우리는 낡고 잘못된 세계관을 생태학적eco-logical이라고 부를 수 있는 세계관으로 대체해야 한다. 즉 모든 현상과 사물의 가치는 인간중심적 입장에 서 있는 의인적 세계관으로부터 생명중심적 biocentric입장에 서 있는 擬生的 biomorphic 세계관으로 전환해야 한다.

　〈하나로서의 존재 전체〉의 공간과 시간적 한계 즉 그 크기는 어떠한 지적 빛도 도달할 수 없이 방대하다. 우리는 그러한 우주를 생각하며 파스칼 그리고 칸트와 더불어 경탄하며 그 우주의 방대성에 비해 인간이 상상할 수 없을 만큼 작은 존재라는 사실에 겸허해진다. 지적 능력을 자부하는 인간은 그러한 우주, 아니 존재 일반의 기원이나 이유를 라이프니츠 G. W. Leibniz나 하이데거와 더불어 묻지만 대답을 찾지 못한다. 세미틱 종교의 신에 의한 창조설이나 과학자들에 의한 〈대폭발〉설도 우리의 물음에 대해서는 전혀 만족한 대답이 될 수 없다. 하물며 그런 존재의 궁극적 〈의미〉를 어떻게 알 수 있겠는가? 그렇다면 우주 안의 생물 그리고 인간 존재의 〈의미〉를 어떻게 알 수 있으랴. 앞으로 인공 생명, 인공 인간의 제작이 가능하게 된다 해도 위와 같은 궁극적 문제는 영원히 신비에 쌓여 있을 것이다.

　그러나 한 가지 확실한 것은 모든 지적 차원을 떠나서 즉 궁극적 문제에 대한 진리를 모르는 상황에서도 존재가 그 자체만으로 우리를 황홀감과 경외심에 빠뜨리게 한다는 사실이다. 방대한 태양계, 더 방대한 은하수, 그리고 그러한 은하수의 거의 무한에 가까운 수는 모든 이유를 초월해서 우리를 압도한다. 그만큼 그리고 그것만으로도 존재 자체는 그것이 무엇이건 간에 귀중하다. 길가의 한 돌조각이나 밭고랑의 한 흙이 이러하다면 하나의 생명은 그것이 아무리 원초적이라 해도 그만큼 더 신비롭고, 그만큼 더 아름답고 그만큼 더 황홀스럽고 그만큼 더 경외심을 자아낸다. 그러나 더 놀랍고 황홀스러운 것은 지금까지 알기로는 그 방대한 우주 안에 오직 우리가 사는 지구 외에는 〈생명〉의 흔적이나 신호를 찾을 수 없다는 것이다. 이러한 희귀성만으로 생명은 〈신성〉하다고밖에는 달리 표현할 수 없을 만큼 고귀하고 아름답다. 이런 것을 의식할 때 인류는 물론 생명 자체를 위협하게 된 공해의 문제는 반드시 해결되어야 한다는 결론이 더욱 확고해진다. 인류의 가치를 위해서만이 아니라 그에 앞서 생명의 절대적 고귀성을 위해서이다.

찾아보기

박이문

본명은 박인희이다. 1930년 출생, 서울 대학교 불문과를 졸업했다. 동 대
학교 대학원에서 석사 학위를 취득하고, 프랑스 소르본 대학교에서 불문
학 박사 학위를, 미국 서던 캘리포니아 대학교에서 철학 박사 학위를 취
득했다. 이화 여자 대학교 불문과 교수, 시몬스 대학교 철학과 교수, 마인
츠 대학교 객원 교수 등을 역임했다. 2000년 2월 포항 공과 대학교 교양
학부 교수직을 정년 퇴임하고 현재 시몬스 대학교 명예 교수로 재직하고
있다. 저서로는『문학과 철학』,『문명의 위기와 문화의 전환』,『철학의 여
백』,『자연, 인간, 언어』,『아직 끝나지 않은 길』,『나의 출가』, *Essais
philosophiques et litteraires, Reality, Rationality and Value, Man,
Language and Poetry* 등의 저술과,『나비의 꿈』,『보이지 않는 것의 그림
자』,『공백의 울림』,『부서진 말들』등의 시집이 있다.

과학철학이란 무엇인가

1판 1쇄 펴냄 1993년 10월 25일
1판 9쇄 펴냄 2012년 4월 23일

지은이 박이문
펴낸이 박상준
펴낸곳 (주) 사이언스북스

출판등록 1997. 3. 24. (제16-1444호)
(135-887) 서울시 강남구 신사동 506번지 강남출판문화센터
대표전화 515-2000 팩시밀리 515-2007
편집부 517-4263 팩시밀리 514-2329
www.sciencebooks.co.kr

ISBN 978-89-8371-902-7 93160